RELAÇÕES

INTERPESSOAIS

Autor:

Jacob Jones

Responsabilidade Limitada - Isenção de Responsabilidade

Observe que o conteúdo deste livro é baseado na experiência pessoal e em diversas fontes de informação e é apenas para uso pessoal.

Observe que as informações aqui contidas são apenas para fins educacionais e de entretenimento e nenhuma garantia é dada ou implícita de qualquer tipo.

Os leitores reconhecem que o autor não está envolvido na prestação de aconselhamento jurídico, financeiro ou profissional. Consulte um profissional licenciado antes de tentar qualquer técnica descrita neste livro.

Nada neste livro pretende substituir o bom senso, a contabilidade jurídica ou o aconselhamento profissional, e destina-se apenas a informar.

Suas circunstâncias particulares podem não se enquadrar no exemplo ilustrado neste livro; na verdade, provavelmente não serão.

Você deve usar as informações contidas neste livro por sua própria conta e risco. O leitor é responsável por seus atos.

As informações aqui fornecidas são declaradas verdadeiras e consistentes, pois qualquer responsabilidade, em termos de descuido ou de outra forma, decorrente de qualquer uso ou abuso de qualquer política, processo ou instrução aqui contida é de responsabilidade única e total do leitor pretendido.

Ao ler este livro, o leitor concorda que em nenhuma circunstância o autor será responsável por quaisquer perdas, diretas ou indiretas, sofridas em decorrência do uso das informações contidas neste documento, incluindo, mas não se limitando a, erros, omissões ou imprecisões.

9

Resumo

INTRODUÇÃO A RELACIONAMENTOS INTERPESSOAIS

Definição de Relações Interpessoais

As relações interpessoais são o tecido conjuntivo das nossas vidas, tecendo as texturas das experiências humanas num mosaico rico em significado e conexão. Este capítulo pretende definir claramente o que são as relações interpessoais e lançar as bases para a compreensão da sua complexa dinâmica.

As relações interpessoais referem-se às conexões, vínculos e interações entre os indivíduos. Esses laços podem se manifestar de várias formas, incluindo amizades, laços familiares, relacionamentos românticos e conexões profissionais. As relações interpessoais podem ser de curta e longa duração, mas todas partilham um elemento comum: envolvem comunicação e interação entre pessoas.

Algumas características principais das relações interpessoais incluem:

1. Comunicação: As relações interpessoais baseiam-se na comunicação, que pode ser verbal, não verbal ou escrita. A comunicação é o meio pelo qual compartilhamos pensamentos, sentimentos, desejos e necessidades com outras pessoas.
2. Conexão Emocional: As relações interpessoais geralmente envolvem uma conexão emocional entre indivíduos. Essa conexão pode se manifestar por meio do afeto, da empatia, da solidariedade e da compreensão mútua.
3. Interdependência: As pessoas envolvidas em relacionamentos interpessoais dependem umas das outras de alguma forma. Esta interdependência pode

envolver apoio mútuo, partilha de recursos ou colaboração para alcançar objetivos comuns.

4. Mudança e crescimento: As relações interpessoais podem influenciar a mudança e o crescimento pessoal. Através dos relacionamentos, as pessoas podem aprender, desenvolver-se e mudar ao longo do tempo.

5. Variedade de contextos: As relações interpessoais ocorrem em uma ampla variedade de contextos, da família ao trabalho, de amizades íntimas a relacionamentos casuais.

Em resumo, as relações interpessoais são a base das experiências humanas. Ao explorar esta complexa rede de conexões, descobriremos como elas podem influenciar profundamente a nossa vida quotidiana e como podemos cultivá-las para o nosso bem-estar e crescimento pessoal.

Nos capítulos seguintes, nos aprofundaremos em aspectos específicos das relações interpessoais, examinando os desafios, as estratégias de comunicação e as ferramentas para a construção de relacionamentos satisfatórios e duradouros.

Importância das relações interpessoais na vida diária

As relações interpessoais são um elemento essencial da nossa vida quotidiana, influenciando praticamente todos os aspectos do nosso bem-estar, felicidade e experiências.

Este capítulo explora em detalhe a importância crucial destas relações e o seu impacto no nosso mundo interior e nas nossas experiências exteriores.

Conectividade social e bem-estar emocional:

1. As relações interpessoais são a cola social que nos mantém unidos como comunidade humana. Eles representam nossa capacidade de nos conectarmos emocionalmente, compartilhar experiências e receber apoio de outras pessoas. Aqui estão algumas das maneiras pelas quais os relacionamentos interpessoais afetam nosso bem-estar emocional:
2. Apoio Emocional: Os relacionamentos fornecem um sistema de apoio crucial em momentos de estresse, dificuldade ou tristeza. A capacidade de compartilhar nossas emoções e receber apoio de outras pessoas nos ajuda a lidar melhor com os desafios da vida.
3. Sentido de pertencimento: Fazer parte de uma rede social nos dá um sentimento de pertencimento e identidade. Sentir-se aceito e incluído pelos outros pode melhorar nossa autoestima e senso de valor próprio.
4. Felicidade e Alegria: Os relacionamentos interpessoais podem trazer felicidade e alegria para nossas vidas. Compartilhar momentos felizes com outras pessoas aumenta nosso prazer e enriquece nossas experiências.

5. Redução da sensação de solidão: As relações interpessoais protegem-nos da solidão, sentimento que pode ter efeitos negativos na saúde física e mental. Estar rodeado de pessoas que nos entendem e nos aceitam reduz a sensação de isolamento.

Influência no sucesso profissional:

As relações interpessoais afetam não só a nossa vida pessoal, mas também a nossa vida profissional. Uma rede forte e habilidades de relacionamento eficazes costumam ser as chaves para o sucesso no local de trabalho. Neste capítulo, também veremos como os relacionamentos podem:

1. Facilite a colaboração: Relacionamentos interpessoais positivos são essenciais para uma colaboração eficaz e trabalho em equipe em um ambiente profissional.
2. Abrindo oportunidades de carreira: Uma rede forte pode abrir portas e oportunidades de carreira que de outra forma seriam inacessíveis.
3. Melhorar a comunicação: A capacidade de comunicar e gerenciar relacionamentos com colegas, superiores e subordinados é crucial para uma carreira de sucesso.
4. Reduzir o estresse no trabalho: Relacionamentos positivos no local de trabalho podem reduzir o estresse e melhorar a satisfação geral no trabalho.

Concluindo, as relações interpessoais são o tecido conjuntivo da nossa vida quotidiana, influenciando tanto o nosso bem-estar pessoal como o nosso sucesso profissional.

Ao longo deste livro, exploraremos ainda mais como cultivar relacionamentos significativos e desenvolver habilidades de comunicação eficazes para melhorar a qualidade de nossas interações e de nossas vidas.

COMUNICAÇÃO EFETIVA

Fundamentos da comunicação

A comunicação é o coração pulsante das relações interpessoais. Neste capítulo, examinaremos os fundamentos da comunicação e os princípios-chave que a orientam. Compreender esses conceitos é essencial para desenvolver habilidades de comunicação eficazes em nossos relacionamentos.

Comunicação como troca de mensagens:

A comunicação é um processo complexo que envolve o envio e recebimento de mensagens entre indivíduos. Essas mensagens podem ser transmitidas por vários meios, incluindo linguagem verbal, linguagem não verbal e escrita.

Os fundamentos da comunicação incluem:

1. Remetente e Receptor: Em toda interação comunicativa, existe um remetente (quem envia a mensagem) e um destinatário (quem recebe a mensagem). Compreender o papel de cada parte é essencial para uma comunicação eficaz.
2. Mensagem: A mensagem é a informação ou conteúdo que é transmitido. Pode ser explícito (declarado diretamente) ou implícito (implícito).
3. Canal de Comunicação: O canal é o meio pelo qual a mensagem é transmitida. Pode ser verbal (palavras), não verbal (gestos, expressões faciais, linguagem corporal) ou escrita (textos, e-mails, cartas).
4. Criptografia e Descriptografia: O remetente criptografa a mensagem, enquanto o destinatário a descriptografa. A compreensão depende da capacidade de ambas as partes usarem o mesmo sistema de codificação e decodificação.

Barreiras à comunicação:

Embora a comunicação seja essencial, muitos desafios podem impedi-la.

Algumas das barreiras comuns incluem:

1. Distorção de mensagens: As mensagens podem ser distorcidas ou mal interpretadas devido a erros de codificação ou decodificação.
2. Falta de escuta ativa: A falta de escuta ativa por parte do destinatário pode dificultar a compreensão e a resposta adequada.
3. Filtragem: Os indivíduos podem filtrar ou modificar mensagens de acordo com suas crenças ou expectativas.
4. Ruído: Ruído físico ou emocional pode interferir na transmissão de mensagens.

Habilidades comunicativas efetivas:

Ao longo do livro, exploraremos as principais habilidades que contribuem para uma comunicação eficaz.

Esses incluem:

1. Escuta Ativa: A escuta ativa é a capacidade de ouvir atentamente e responder com empatia às comunicações dos outros.
2. Comunicação Não-Verbal: Compreender os sinais não-verbais, como linguagem corporal e expressões faciais, é essencial para uma comunicação completa.
3. Empatia: Empatia é a capacidade de compreender e compartilhar os sentimentos dos outros, o que ajuda a construir relacionamentos mais profundos.
4. Clareza e Concisão: Expressar ideias de forma clara e concisa melhora o entendimento mútuo.

Compreender os fundamentos da comunicação é o primeiro passo para melhorar a qualidade das nossas relações interpessoais. Nos capítulos seguintes, exploraremos essas habilidades com mais detalhes e forneceremos ferramentas práticas para desenvolvê-las.

Barreiras à comunicação

A comunicação eficaz é um objetivo importante nas relações interpessoais, mas muitas vezes as barreiras podem interferir nesse processo.

Neste capítulo, exploraremos algumas das barreiras comuns à comunicação e como superá-las.

1. Distorção da Mensagem.

A distorção da mensagem ocorre quando a mensagem transmitida pelo remetente não é interpretada corretamente pelo destinatário.

Essa distorção pode ocorrer por vários motivos:

- Falta de clareza na comunicação: Se a mensagem for ambígua ou pouco clara, o receptor poderá interpretá-la de maneira diferente da pretendida pelo remetente.
- Diferenças culturais: As diferenças culturais nas normas de comunicação, gestos e expressões podem levar a mal-entendidos.
- Estado emocional: Emoções intensas podem influenciar a percepção e compreensão da mensagem. Por exemplo, uma pessoa irritada pode interpretar um comentário neutro como uma crítica.

2. Falta de escuta ativa.

A escuta ativa é um componente chave da comunicação eficaz. No entanto, muitas pessoas tendem a não ouvir atentamente os outros.

As barreiras à escuta ativa podem incluir:

- Distração: A presença de distrações externas ou pensar em outras coisas pode impedir que você se concentre em ouvir.
- Preocupação com a resposta: Alguns indivíduos podem concentrar-se mais na sua resposta ou em como serão percebidos, em vez de realmente ouvir a outra pessoa.
- Julgamento Prematuro: Tirar conclusões ou julgar o outro prematuramente pode dificultar o entendimento.

3. Filtragem

A filtragem ocorre quando uma pessoa edita ou censura a mensagem que está transmitindo.

Isso pode ser devido a:

- Medo das consequências: O medo de reações negativas ou conflitos pode levar uma pessoa a filtrar a mensagem para torná-la mais aceitável.
- Ocultar informações: Às vezes, as pessoas ocultam informações para proteger sua privacidade ou por motivos pessoais.
- Falta de confiança: A falta de confiança no outro pode levar a uma comunicação limitada ou distorcida.

4. Barulho.

- Ruído é qualquer interferência que distraia a atenção da comunicação. Pode ser ruído físico (como sons ambientes) ou ruído emocional (como estresse ou ansiedade). O ruído pode dificultar a concentração do destinatário na mensagem.

Superar essas barreiras requer consciência, prática e habilidades de comunicação. Nos capítulos seguintes, exploraremos como melhorar a comunicação e desenvolver habilidades de escuta ativa para superar esses desafios.

Habilidades comunicativas efetivas

A comunicação eficaz é essencial para construir relacionamentos interpessoais positivos e satisfatórios. Neste capítulo, veremos algumas das principais habilidades que contribuem para uma comunicação eficaz.

1. Escuta activa.

A escuta ativa é uma das habilidades mais importantes na comunicação. Envolve ouvir atentamente o que a outra pessoa está dizendo, sem distração e com empatia.

Aqui estão algumas estratégias para desenvolver a escuta ativa:

- Preste atenção total: Concentre-se totalmente na pessoa que está falando, evitando distrações e interrupções.
- Faça perguntas abertas: faça perguntas que exijam respostas mais completas e estimulem uma conversa aprofundada.
- Reflita e confirme: Repita ou parafraseie o que a outra pessoa disse para mostrar que você entende e confirma seus pensamentos e sentimentos.

2. Não comunicação verbal.

A comunicação não verbal inclui gestos, expressões faciais, linguagem corporal e tom de voz. Esses elementos podem transmitir mensagens poderosas.

Algumas dicas para usar a comunicação não-verbal de maneira eficaz incluem:

- Mantenha contato visual: Manter contato visual durante uma conversa demonstra interesse e atenção.

- Gerenciar a linguagem corporal: Use uma linguagem corporal aberta e positiva para transmitir confiança e abertura.
- Sintonize o tom de voz: Module o tom de voz para que fique congruente com a mensagem que está sendo comunicada.
3. Empatia.

Empatia é a capacidade de se colocar no lugar de outra pessoa, compreender seus sentimentos e responder com sensibilidade. Veja como desenvolver empatia:

- Perspectiva prática: tente ver as coisas do ponto de vista da outra pessoa, perguntando-se como ela se sentiria em determinadas situações.
- Expresse empatia: use frases como "Posso imaginar como você se sente..." para mostrar compreensão e apoio.
4. Clareza e concisão.

Clareza e concisão são essenciais para evitar mal-entendidos na comunicação.

Veja como melhorar a clareza e a concisão:

- Evite ambiguidade: Use palavras e frases claras e específicas para evitar ambiguidade.
- Resuma as ideias principais: Concentre-se nas ideias principais ao comunicar, evitando detalhes supérfluos.
5. Resolução de Conflitos.
- Habilidades de comunicação eficazes são cruciais na resolução de conflitos. Aprender a gerir conflitos de forma construtiva requer competências como ouvir ativamente, expressar opiniões com respeito e encontrar soluções de forma colaborativa.

O desenvolvimento dessas habilidades de comunicação é um processo contínuo e pode contribuir significativamente para melhorar as relações interpessoais. Ao longo do livro, nos aprofundaremos nessas habilidades e forneceremos exercícios práticos para desenvolvê-las ainda mais.

Escuta activa

A escuta ativa é uma habilidade crucial na comunicação interpessoal que vai além de simplesmente receber as palavras do outro. Envolve um envolvimento ativo em ouvir e compreender profundamente a mensagem, os sentimentos e as necessidades da outra pessoa. Neste capítulo, exploraremos detalhadamente a escuta ativa e forneceremos orientações sobre como desenvolvê-la.

1. Compreendendo a escuta ativa.

Ouvir ativamente não envolve apenas ouvir as palavras uns dos outros, mas também compreender suas emoções, intenções e significados mais profundos.

Aqui estão alguns elementos-chave da escuta ativa:

- Concentração Total: Dê toda a atenção à pessoa que está falando. Elimine distrações e mostre que você está genuinamente interessado no que ele está dizendo.
- Mostre interesse: Use dicas não-verbais, como contato visual, linguagem corporal aberta e manutenção de uma postura atenta, para mostrar interesse.
- Evite interrupções: Não interrompa a outra pessoa enquanto ela estiver falando. Deixe-o terminar seu pensamento antes de responder.
- Faça perguntas abertas: Use perguntas abertas para encorajar a outra pessoa a se expressar mais profundamente e a compartilhar seus sentimentos.
2. Reflexão e Confirmação.

Uma parte essencial da escuta ativa é a capacidade de refletir e confirmar o que ouviu. Isso mostra à outra pessoa que você está tentando entender e que suas palavras foram ouvidas.

Aqui estão algumas estratégias para fazer isso:

- Repetir ou parafrasear: depois que a outra pessoa falar, você pode repetir ou parafrasear o que ouviu. Por exemplo, "Eu entendo que você está dizendo..."
- Confirme sentimentos: Identifique e expresse sentimentos que a outra pessoa está compartilhando. Por exemplo, "Você parece muito preocupado com esta situação".
- Evite Julgamento: Evite julgar ou criticar as palavras ou sentimentos da outra pessoa. Mantenha uma atitude aberta e respeitosa.
3. Os benefícios da escuta ativa.

A escuta ativa traz inúmeros benefícios nas relações interpessoais:

- Melhorar a compreensão mútua: ajuda a evitar mal-entendidos e promove um entendimento mais profundo entre as pessoas.
- Estabelece confiança: Quando as pessoas se sentem ouvidas e compreendidas, desenvolve-se um sentimento de confiança e proximidade nos relacionamentos.
- Resolve conflitos: A escuta ativa é essencial na resolução de conflitos, pois permite que as pessoas expressem seus pontos de vista e encontrem soluções de forma colaborativa.
- Aumentar a comunicação eficaz: Promove uma comunicação aberta e sincera, o que leva a uma melhor comunicação geral.

Desenvolver a escuta ativa exige prática constante, mas as recompensas são significativas. Nos capítulos seguintes, exploraremos mais detalhadamente como aplicar a escuta ativa em diversas situações e como melhorar essa habilidade fundamental para construir relacionamentos interpessoais mais fortes e satisfatórios.

Comunicação não verbal

A comunicação não-verbal é uma forma poderosa de expressão humana, muitas vezes esquecida, mas altamente significativa. Este capítulo explora o fascinante mundo da comunicação não verbal e como ela afeta nossos relacionamentos interpessoais.

1. Linguagem corporal:

- Gestos, posturas e expressões faciais comunicam emoções e intenções sem palavras.
- Aprenda a reconhecer os sinais da linguagem corporal para compreender melhor os outros.

2. Contato visual:

- Olhar é uma forma poderosa de comunicação não verbal.
- Mantenha contato visual para demonstrar interesse e confiança em suas interações.

3. Expressões faciais:

- As expressões faciais transmitem emoções, desejos e reações.
- Esteja ciente de suas expressões faciais para se comunicar intencionalmente.

4. Gerenciamento de espaço pessoal:

- Cada pessoa tem uma zona de espaço pessoal e a intrusividade pode causar desconforto.
- Respeite os limites do espaço pessoal dos outros para manter as interações confortáveis.

5. Tom de voz e volume:

- A maneira como você fala, incluindo o tom e o volume da sua voz, afeta a percepção da sua comunicação.
- Adapte o tom e o volume à situação e ao interlocutor.

6. Linguagem corporal e mentiras:

- Inconsistências entre a linguagem corporal e as palavras podem revelar mentiras.
- Aprenda a reconhecer sinais de mentiras potenciais nos relacionamentos.

7. Sincronicidade e Convergência:

- A sincronia no movimento e na expressão pode criar conexões mais fortes.
- Busque a convergência com outras pessoas para construir maior afinidade.

8. Culturalidade da Comunicação Não-Verbal:

- A comunicação não verbal pode variar significativamente entre culturas.
- Esteja ciente das diferenças culturais para evitar mal-entendidos nas relações interculturais.

9. Treinamento e Aperfeiçoamento:

- Você pode melhorar suas habilidades de comunicação não-verbal por meio de treinamento e prática.
- A autoconsciência é a chave para se tornar um comunicador não-verbal mais eficaz.

10. Impacto na qualidade do relacionamento:

- A comunicação não verbal precisa e eficaz pode melhorar muito a qualidade de seus relacionamentos interpessoais.
- Use esta poderosa forma de expressão para construir conexões mais profundas e autênticas.

Ao explorar o vasto mundo da comunicação não-verbal, você descobrirá como ela pode enriquecer seus relacionamentos, melhorar sua compreensão dos outros e permitir que você se comunique de maneira mais eficaz e autêntica.

Invista no seu desenvolvimento pessoal e na sua capacidade de comunicação não verbal para construir relacionamentos mais fortes e significativos.

CONSTRUÇÃO DE RELACIONAMENTOS SAUDÁVEIS

Estágios de desenvolvimento de relacionamento

As relações interpessoais passam por diversas etapas durante seu desenvolvimento. A compreensão desses estágios pode ajudar a gerenciar expectativas, lidar com desafios e promover o crescimento do relacionamento. Neste capítulo, exploraremos os estágios típicos do desenvolvimento de relacionamento.

1. Fase de Encontro e Atração.

O primeiro estágio de um relacionamento costuma ser caracterizado por encontros ou apresentações casuais. Durante esse estágio, as pessoas podem se sentir atraídas umas pelas outras por vários motivos, incluindo aparência física, interesses comuns ou personalidade. É um período de descoberta mútua em que se estabelece o primeiro contato.

2. Fase aprofundada.

Na fase de aprofundamento, as pessoas começam a partilhar mais sobre si mesmas, tanto emocional como pessoalmente. Este estágio pode envolver o compartilhamento de suas experiências, pensamentos e sentimentos mais íntimos. Desenvolve-se uma maior compreensão mútua e o vínculo se fortalece.

3. Fase de Estabilidade.

Na fase de estabilidade, o relacionamento atingiu um ponto em que as pessoas se sentem confortáveis umas com as outras e estabeleceram uma rotina ou estrutura na sua interação. Esta fase pode incluir a construção de um sentimento de confiança e o aprofundamento do envolvimento mútuo.

4. Fase de Desafios ou Conflitos.

Nenhum relacionamento está imune a desafios ou conflitos. Estas podem surgir quando as diferenças entre as pessoas se tornam aparentes ou quando questões importantes são abordadas. A fase de desafio ou conflito é um momento crítico em que as pessoas precisam trabalhar juntas para resolver problemas e melhorar o relacionamento.

5. Estágio de engajamento.

Na fase de compromisso, as pessoas decidem comprometer-se mais profundamente com o relacionamento. Isto pode manifestar-se através do casamento, da coabitação ou de outros compromissos significativos. O comprometimento indica um forte desejo de continuar o relacionamento no longo prazo.

6. Fase de Reconciliação ou Fortalecimento.

Depois de lidar com conflitos ou desafios, muitos relacionamentos passam por uma fase de reconciliação ou fortalecimento. Durante esta fase, as pessoas podem fortalecer o seu vínculo, aprender com experiências passadas e trabalhar juntas para superar as dificuldades.

7. Fase de crescimento ou declínio contínuo.

Os relacionamentos podem continuar a crescer e a se desenvolver ao longo do tempo se forem cuidados e nutridos. No entanto, se for negligenciado ou se as necessidades de ambas as partes mudarem, um relacionamento pode entrar numa fase de declínio.

É importante ressaltar que nem todos os relacionamentos seguem o mesmo caminho ou atingem todas essas etapas. Além disso, o tempo gasto em cada etapa pode variar muito de relacionamento para relacionamento.

Compreender em que estágio um relacionamento se encontra pode ajudá-lo a antecipar desafios e oportunidades que podem surgir e trabalhar em conjunto para construir relacionamentos interpessoais fortes e duradouros. Nos próximos capítulos, exploraremos em detalhes como gerenciar cada fase de forma eficaz.

Construindo confiança nos relacionamentos

A confiança é um elemento fundamental em qualquer relacionamento interpessoal. Sem confiança, os relacionamentos podem ser frágeis e difíceis de manter. Neste capítulo, exploraremos como construir e manter a confiança nos relacionamentos.

1. Comunicação aberta e honesta.

A base da confiança é a comunicação aberta e honesta. Isto significa sermos honestos uns com os outros, partilhando pensamentos, sentimentos e experiências de forma transparente e direta. Evitar mentiras e sigilo é essencial para construir e manter a confiança mútua.

2. Respeito e respeito pelos limites pessoais.

O respeito mútuo é crucial para a confiança. Cada indivíduo tem suas próprias limitações, necessidades e limites pessoais. Respeitar esses limites demonstra respeito e ajuda a criar um ambiente de confiança. Buscar o consentimento e ouvir as necessidades uns dos outros são componentes importantes do respeito.

3. Consistência entre palavras e ações.

A consistência entre o que você diz e o que você faz é fundamental para construir confiança. Promessas cumpridas e ações consistentes com palavras reforçam a confiança mútua. Por outro lado, dizer uma coisa e fazer outra pode minar rapidamente a confiança.

4. Lidar com conflitos de forma construtiva.

Os conflitos são inevitáveis em qualquer relacionamento. No entanto, a forma como você lida com os conflitos pode ter um impacto significativo na confiança. Abordar os conflitos com respeito, ouvir as perspetivas uns dos outros e procurar soluções colaborativas pode fortalecer a confiança em vez de a minar.

5. Mostre empatia e esteja presente.

Mostrar empatia significa compreender e compartilhar os sentimentos do outro. Estar presente, ou seja, estar presente mental e emocionalmente durante as interações, é essencial para a construção de laços de confiança. Quando as pessoas se sentem ouvidas, compreendidas e apoiadas empaticamente, é mais provável que confiem umas nas outras.

6. Respeite a privacidade e a confidencialidade.

O respeito pela privacidade e confidencialidade é essencial. Manter em segredo as informações pessoais compartilhadas e respeitar a privacidade de cada um ajuda a criar um ambiente de segurança e confiança.

7. Seja confiável e consistente.

A confiança é construída ao longo do tempo por meio de consistência e confiabilidade. Estar presente na vida um do outro e fazer o que você diz que fará ajudará a construir uma reputação de confiabilidade.

8. Peça feedback e afirme positivamente.

Pedir feedback sobre como está o relacionamento e dar reconhecimento positivo regularmente pode ajudar a construir confiança. Isso demonstra preocupação com o bem-estar do outro e desejo de melhorar o relacionamento.

Construir confiança exige tempo, esforço e dedicação. Também é importante lembrar que a confiança pode ser vulnerável e frágil, por isso é essencial tratá-la com cuidado. Ao continuar a trabalhar a comunicação aberta, o respeito mútuo e a consistência entre palavras e ações, é possível criar e manter relações baseadas numa confiança duradoura e significativa.

Resolução de conflitos

Os conflitos são uma parte inevitável das relações interpessoais. Contudo, a sua gestão eficaz é crucial para preservar e fortalecer as relações, em vez de as prejudicar. Neste capítulo, exploraremos estratégias para resolver conflitos de forma construtiva.

1. Compreendendo a natureza do conflito.

O primeiro passo para resolver um conflito é compreender sua natureza. Os conflitos surgem frequentemente de diversas fontes, incluindo diferenças de opinião, necessidades não satisfeitas ou mal-entendidos. Identificar a causa subjacente do conflito pode ajudar a encontrar uma solução apropriada.

2. Mantenha a calma e componha.

É fácil ficar emocionado durante um conflito, mas a calma é essencial. Tente manter a compostura emocional e evite reações impulsivas. Respirar profundamente e reservar um tempo para refletir pode ser útil.

3. Escuta Ativa e Empatia.

A escuta ativa é crucial durante um conflito. Ouça atentamente a perspectiva da outra pessoa sem interrompê-la. Procure compreender seus sentimentos e preocupações, demonstrando empatia. Quando as pessoas se sentem ouvidas e compreendidas empaticamente, ficam mais inclinadas a cooperar na resolução de conflitos.

4. Comunicação clara e respeitosa.

Uma comunicação clara é essencial durante um conflito. Expresse suas preocupações de forma aberta, mas respeitosa.

Evite usar linguagem acusatória ou abusiva. Use "eu" em vez de "você" para evitar que a outra pessoa se sinta atacada.

5. Identifique soluções colaborativas.

Em vez de procurar um vencedor e um perdedor, procure soluções colaborativas que satisfaçam ambas as partes. Trabalhe em conjunto para encontrar compromissos ou soluções que respeitem as necessidades de ambos.

6. Resolva um problema de cada vez.

Se houver vários problemas em jogo, resolva-os um de cada vez. Resolver um problema de cada vez pode evitar que o conflito se torne muito complicado e facilitar o foco em profundidade em cada problema.

7. Enfatize a importância do relacionamento.

Lembre-se da importância do relacionamento durante o processo de resolução de conflitos. Muitas vezes, os relacionamentos podem emergir de conflitos mais fortes e mais coesos quando geridos de forma eficaz. Compreender que o objetivo é preservar e melhorar o relacionamento pode ajudar a manter a perspectiva.

8. Aceitando diferenças de opinião.

Nem todos os conflitos podem ser resolvidos de forma satisfatória para ambas as partes. Em algumas situações, pode ser necessário aceitar que existem diferenças de opinião ou necessidades que não podem ser totalmente conciliadas. Nesses casos, o importante é administrar o conflito para que não prejudique irreparavelmente o relacionamento.

Resolver conflitos requer prática e paciência. No entanto, aprender a gerir conflitos de forma construtiva pode fortalecer relacionamentos e promover a compreensão mútua. No próximo capítulo, exploraremos estratégias para prevenir conflitos e melhorar a comunicação nos relacionamentos.

Gestão de emoções nos relacionamentos

As emoções desempenham um papel central nas relações interpessoais. O gerenciamento eficaz das emoções é a chave para construir relacionamentos saudáveis e gratificantes. Neste capítulo, exploraremos a importância de gerenciar emoções e forneceremos estratégias para fazê-lo de maneira eficaz.

1. Consciência Emocional.

O primeiro estágio no gerenciamento das emoções é desenvolver a consciência emocional. Isso significa ser capaz de identificar e compreender suas próprias emoções e as dos outros. A consciência emocional permite que você reaja com mais atenção às situações emocionais.

2. Compreendendo as origens das emoções.

É importante examinar as origens das emoções. Freqüentemente, as reações emocionais têm raízes profundas em experiências passadas ou expectativas pessoais. Compreender essas origens pode ajudá-lo a gerenciar melhor as emoções.

3. Comunicação Emocional Eficaz.

Comunicar suas emoções de forma aberta e respeitosa é essencial para gerenciar as emoções nos relacionamentos. Expressar sentimentos de forma clara e respeitosa pode evitar mal-entendidos e ajudar a encontrar soluções.

4. Empatia e compreensão das emoções dos outros.

Ser empático e tentar compreender as emoções dos outros é igualmente importante. A empatia pode ajudá-lo a estabelecer conexões mais fortes e a lidar com situações emocionais com compreensão.

5. Reserve um tempo para refletir.

Ao lidar com emoções intensas, pode ser útil refletir antes de reagir. Isso pode evitar reações impulsivas e permitir que você escolha uma resposta mais ponderada.

6. Estratégias para gerenciar emoções.

Existem muitas estratégias práticas para gerenciar emoções:

- Exercício: A atividade física pode ajudar a aliviar o estresse e melhorar o bem-estar emocional.
- Meditação: Práticas como a meditação podem ajudar a desenvolver a consciência emocional e controlar o estresse.
- Relaxe: Técnicas de relaxamento, como respiração profunda ou relaxamento muscular progressivo, podem reduzir a ansiedade e o sofrimento emocional.
- Aconselhamento ou terapia: Em algumas situações, pode ser útil procurar o apoio de um profissional de saúde mental para lidar e processar emoções complexas.
7. Trabalhe a frustração e a irritação.

Emoções como frustração e irritação podem surgir nos relacionamentos. Aprender a reconhecer essas emoções e a geri-las de forma construtiva é essencial para evitar conflitos prejudiciais.

8. Aprendendo a perdoar.

O perdão é um ato de gerenciar emoções. Aprender a perdoar os outros e a si mesmo pode aliviar o fardo das emoções negativas e promover o bem-estar emocional.

Gerenciar emoções requer prática e consciência. Trabalhar essas habilidades pode ajudar a criar relacionamentos mais estáveis e satisfatórios, onde as emoções são gerenciadas de forma saudável e construtiva. No próximo capítulo, exploraremos estratégias para prevenir conflitos e melhorar a comunicação nos relacionamentos.

Empatia e compreensão

Empatia e compreensão são duas qualidades fundamentais para construir relacionamentos interpessoais saudáveis e profundos. Essas habilidades permitem que você se conecte com outras pessoas em um nível mais profundo, promovendo proximidade e solidariedade. Neste capítulo, exploraremos a importância da empatia e da compreensão nos relacionamentos e daremos dicas sobre como desenvolvê-las.

1. Empatia: Colocar-se no lugar do outro.

Empatia é a capacidade de se colocar no lugar do outro, de compreender seus sentimentos, pensamentos e perspectivas. É um ato de compreender e compartilhar as emoções dos outros.

Aqui estão algumas estratégias para desenvolver empatia:

- Escuta Ativa: Ouça atentamente o que a outra pessoa está dizendo, prestando atenção aos seus sentimentos e necessidades.
- Questionamento Empático: Faça perguntas que demonstrem interesse pelos sentimentos e experiências do outro. Por exemplo, "Como você se sentiu quando isso aconteceu?"
- Reflexão das Emoções: Reflita o que você ouviu da outra pessoa. Por exemplo, "Você parece muito feliz/triste/preocupado com isso".
- Imaginando a Perspectiva: Tente imaginar como a outra pessoa se sentiria em uma determinada situação, com base em suas experiências e emoções.
2. Compreensão: Aprofundando o Conhecimento.

Compreender é o processo de aprender mais sobre o outro, compreendendo sua personalidade, interesses, experiências de vida e desafios.

Aqui estão algumas estratégias para desenvolver a compreensão:

- Conversas significativas: tenha conversas significativas que vão além da superfície. Pergunte à outra pessoa sobre seus sonhos, paixões e experiências de vida.
- Compartilhamento pessoal: compartilhe aspectos pessoais de sua vida e experiências para criar uma conexão mais profunda.
- Escuta Contínua: Continue ouvindo e aprendendo com os outros ao longo do tempo. As pessoas mudam e crescem, e o seu contexto pode evoluir.
3. Benefícios da empatia e compreensão.

Desenvolver empatia e compreensão oferece uma série de benefícios nas relações interpessoais:

- Aumentar a conexão: Quando as pessoas se sentem compreendidas e apoiadas empaticamente, desenvolve-se uma conexão mais profunda.
- Reduz conflitos: a empatia pode prevenir ou resolver conflitos, pois as pessoas são mais propensas a cooperar quando se sentem compreendidas.
- Promove a confiança: A empatia e a compreensão ajudam a construir confiança mútua nos relacionamentos.
- Melhorar a comunicação: Quando as pessoas se entendem, a comunicação se torna mais eficaz e clara.

- Fortalece o relacionamento: A empatia e a compreensão podem tornar os relacionamentos mais resilientes e gratificantes.

Empatia e compreensão exigem tempo, esforço e prática constante. No entanto, o seu desenvolvimento pode levar a relacionamentos mais ricos e satisfatórios. No próximo capítulo, exploraremos estratégias para manter relacionamentos interpessoais saudáveis e duradouros.

TIPOS DE RELACIONAMENTOS INTERPESSOAIS

Relações familiares

As relações familiares são algumas das relações mais significativas e duradouras na vida de uma pessoa. Esses relacionamentos podem ser repletos de amor e apoio, mas também podem ser complexos e desafiadores. Neste capítulo exploraremos a importância das relações familiares e daremos dicas sobre como cultivá-las de forma saudável e harmoniosa.

1. A importância das relações familiares.

As relações familiares desempenham um papel central na vida de cada indivíduo. Freqüentemente, são os primeiros relacionamentos que vivenciamos e podem ter um impacto profundo em nossa identidade e bem-estar emocional. As relações familiares podem incluir pais, irmãos, irmãs, avós, tios, primos e outras figuras significativas.

2. Comunicação aberta e empatia.

A comunicação aberta e empática é essencial nas relações familiares. As famílias prosperam quando há um espaço seguro para expressar pensamentos e sentimentos. A empatia é especialmente importante, pois permite que os membros da família compreendam as perspectivas uns dos outros e lidem com os conflitos de forma construtiva.

3. Respeito pelas Diferenças.

As famílias são muitas vezes constituídas por indivíduos com personalidades, opiniões e estilos de vida diferentes. O respeito pelas diferenças é essencial para evitar conflitos e promover a harmonia familiar. Aprender a respeitar as escolhas e opiniões dos outros pode ajudar a manter relacionamentos positivos.

4. Compartilhando momentos especiais.

As famílias beneficiam da partilha de momentos especiais e tradições familiares. Esses momentos podem criar laços duradouros e lembranças felizes. Atividades como jantares em família, férias juntos ou celebrações de feriados podem fortalecer a ligação familiar.

5. Gestão de Conflitos Familiares.

Os conflitos familiares são inevitáveis, mas administrá-los é essencial para manter relacionamentos saudáveis. Aprender a resolver conflitos de forma construtiva e evitar dinâmicas prejudiciais é crucial para a estabilidade familiar.

6. Apoiando o bem-estar familiar.

Apoiar o bem-estar físico e emocional de todos os membros da família é um objetivo importante. Isto pode incluir cuidar da saúde mental, promover um estilo de vida saudável e criar um ambiente familiar positivo.

7. Estabeleça limites saudáveis.

Estabelecer limites saudáveis é fundamental para manter relacionamentos familiares positivos. Esses limites podem incluir o tempo que passamos juntos, expectativas e respeito mútuo. Às vezes, você precisa aprender a dizer "não" para proteger seu bem-estar.

8. Perdão e Compaixão.

As famílias podem passar por momentos difíceis, mas o perdão e a compaixão podem ajudar a curar feridas e fortalecer a ligação familiar. Aprender a perdoar e acolher as mudanças é importante para manter relacionamentos familiares duradouros.

As relações familiares exigem empenho e dedicação constantes, mas são um suporte importante na vida de cada indivíduo. Cultivar relacionamentos familiares saudáveis e amorosos pode levar a maior felicidade e satisfação na vida diária.

Além disso, pode ser útil buscar o apoio de um conselheiro ou terapeuta familiar quando a dinâmica familiar se tornar complexa ou problemática.

Relacionamentos românticos

Os relacionamentos românticos são um aspecto importante da vida de muitos indivíduos. Esses relacionamentos podem trazer amor, intimidade, apoio e crescimento pessoal, mas também podem trazer desafios e dificuldades. Neste capítulo, exploraremos a dinâmica dos relacionamentos românticos e daremos conselhos sobre como construir e manter um relacionamento romântico saudável e gratificante.

1. Comunicação aberta e honesta.

A comunicação é a base dos relacionamentos românticos. É crucial ser aberto e honesto com seu parceiro sobre seus sentimentos, necessidades e desejos. A falta de comunicação pode levar a mal-entendidos e ao aumento da distância emocional.

2. Empatia e Compreensão.

Empatia e compreensão são igualmente importantes em um relacionamento romântico. Compreender os sentimentos e perspectivas do seu parceiro pode fortalecer o seu vínculo emocional e criar uma conexão mais profunda.

3. Respeito e estima mútuos.

O respeito mútuo é crucial para o sucesso de um relacionamento romântico. Isso significa tratar seu parceiro com gentileza, respeito e apreço. Evitar sarcasmo, palavrões e abuso verbal é essencial para manter um ambiente de respeito.

4. Intimidade Emocional e Física.

A intimidade é um componente crítico dos relacionamentos românticos. A intimidade emocional envolve o compartilhamento de sentimentos profundos e pensamentos pessoais, enquanto a intimidade física inclui gestos afetuosos, abraços, beijos e relações sexuais. Ambos são importantes para manter uma conexão significativa.

5. Conflito de gestão.

O conflito é comum em todos os relacionamentos românticos. Aprender a gerir os conflitos de forma construtiva, evitando a evolução para argumentos destrutivos, é essencial. Isso inclui ouvir ativamente, usar "eu" em vez de "você" durante as discussões e encontrar soluções de forma colaborativa.

6. Mantendo a Individualidade.

É importante manter sua individualidade dentro de um relacionamento romântico. Não perca de vista seus interesses pessoais, objetivos e amizades. Equilibrar a vida de casal e a vida individual é essencial.

7. Crescimento Pessoal e Compartilhamento de Metas.

Relacionamentos românticos podem ser uma oportunidade de crescimento pessoal. Compartilhar metas, sonhos e planos para o futuro com seu parceiro pode fortalecer o relacionamento e criar um senso de propósito compartilhado.

8. Tempo de qualidade e surpresas.

Investir tempo de qualidade no relacionamento é importante. Isso pode incluir encontros regulares, fins de semana românticos ou simples noites juntos. Além disso, surpresas ocasionais podem manter viva a energia romântica.

Relacionamentos amorosos exigem comprometimento, paciência e trabalho constante. É importante lembrar que nenhum relacionamento é perfeito e que haverá desafios ao longo do caminho. Porém, com comunicação aberta, respeito mútuo e compromisso com o crescimento pessoal e compartilhado, é possível construir e manter um relacionamento romântico gratificante e duradouro.

Relações amigáveis

Relacionamentos amigáveis são um elemento importante na vida de cada indivíduo. Os amigos podem oferecer apoio emocional, interesses compartilhados e momentos de alegria. Cultivar amizades saudáveis e duradouras requer atenção e comprometimento. Neste capítulo, exploraremos a importância dos relacionamentos amigáveis e daremos conselhos sobre como desenvolvê-los e mantê-los.

1. O valor das relações amigáveis.

Relacionamentos amigáveis são uma importante fonte de apoio emocional. Os amigos podem compartilhar momentos felizes, oferecer conselhos, ouvir com empatia e ajudar em momentos difíceis. Esses relacionamentos podem contribuir para o bem-estar emocional e a felicidade geral.

2. Construindo Novas Amizades.

Construir novas amizades pode ser um processo gratificante. Para isso, ajuda participar de atividades e eventos sociais, ir a locais onde possa conhecer pessoas com interesses semelhantes e fazer um esforço para fazer conexões com novas pessoas.

3. Manter relacionamentos existentes.

Manter as relações amistosas existentes exige esforço. É importante fazer um esforço para ficar conectado com os amigos, passar tempo juntos e mostrar apreço pela presença deles em sua vida.

4. Comunicação aberta.

A comunicação aberta é essencial em relacionamentos amigáveis. Compartilhar pensamentos, sentimentos e experiências de forma aberta e honesta constrói uma base de confiança mútua. A escuta ativa é igualmente importante; ouvir verdadeiramente o que os amigos estão dizendo e mostrar empatia pode fortalecer o vínculo.

5. Respeito e compreensão mútuos.

O respeito mútuo é essencial nas amizades. Respeitar as opiniões, limites e diferenças pessoais dos amigos é essencial para manter um relacionamento saudável. Além disso, tentar compreender as perspectivas uns dos outros e ser empático é igualmente importante.

6. Compartilhamento de interesses e atividades.

Compartilhar interesses e atividades comuns é uma excelente forma de fortalecer relacionamentos amigáveis. Participar de hobbies, esportes ou outras atividades juntos pode criar laços mais estreitos.

7. Seja um bom amigo.

Para manter relacionamentos amigáveis positivos, é importante ser um bom amigo. Isso significa estar disponível para os amigos quando eles precisarem de apoio, ser confiável e respeitar suas necessidades e limites.

8. Enfrentando desafios.

Até as amizades podem passar por desafios e conflitos. Enfrentar estes desafios de forma aberta e respeitosa pode ajudar a resolver problemas e fortalecer o relacionamento.

Relacionamentos amigáveis podem ser fonte de alegria e apoio na vida de qualquer indivíduo. Cultivar relacionamentos amigáveis exige esforço, compreensão e tempo. No entanto, o apoio emocional e as ligações significativas que podem ser obtidos através de amizades são muitas vezes um investimento valioso no bem-estar geral.

Relações profissionais

As relações profissionais desempenham um papel significativo em nossas vidas profissionais e podem ter um impacto direto no sucesso e na satisfação profissional. Cultivar e gerir relações profissionais eficazes é crucial para a progressão na carreira e para a criação de um ambiente de trabalho positivo. Neste capítulo, exploraremos a importância dos relacionamentos profissionais e daremos dicas sobre como desenvolvê-los.

1. A importância das relações profissionais.

As relações profissionais são essenciais em qualquer ambiente de trabalho. Eles podem impactar a produtividade, o bem-estar emocional e o crescimento na carreira. Baseiam-se na colaboração, na comunicação eficaz e na capacidade de trabalhar em equipe.

2. Comunicação efetiva.

A comunicação eficaz é essencial nas relações profissionais. Isso inclui a capacidade de expressar suas ideias com clareza, ouvir os outros com atenção e responder construtivamente às críticas. A comunicação aberta e honesta cria um ambiente de trabalho positivo.

3. Construindo uma Rede de Contatos.

Construir uma rede profissional é importante para o desenvolvimento da carreira. Participar de eventos, conferências ou seminários do setor pode ajudá-lo a fazer conexões valiosas. Além disso, o uso de mídias sociais profissionais como o LinkedIn pode facilitar a conexão com colegas e profissionais do seu setor.

4. Colaboração e Trabalho em Equipe.

A capacidade de colaborar e trabalhar em equipe é um aspecto fundamental das relações profissionais. Estar aberto a diferentes perspectivas e contribuir para o sucesso coletivo é crucial para uma colaboração eficaz.

5. Gestão Profissional de Conflitos.

Podem surgir conflitos em um ambiente profissional, mas é importante lidar com eles de forma construtiva. Aprender a resolver conflitos com respeito e encontrar soluções que satisfaçam ambas as partes é uma habilidade inestimável.

6. Respeito e Profissionalismo.

O respeito mútuo é essencial nas relações profissionais. Tratar colegas, superiores e colaboradores com cortesia, respeito e profissionalismo cria um ambiente de trabalho positivo.

7. Crescimento profissional.

As relações profissionais podem contribuir para o seu crescimento e desenvolvimento profissional. Pedir feedback, aprender com colegas mais experientes e buscar mentores são maneiras de melhorar suas habilidades e avançar em sua carreira.

8. Mantenha um equilíbrio entre trabalho e vida pessoal.

Manter o equilíbrio entre vida pessoal e profissional é crucial para sua saúde e bem-estar. Certifique-se de reservar o tempo necessário em sua vida fora do trabalho para evitar o esgotamento e preservar seus relacionamentos pessoais.

As relações profissionais são um aspecto crucial da vida profissional e podem influenciar o seu sucesso e felicidade profissional.

Cultivá-los exige comprometimento e atenção constante, mas podem levar a oportunidades de carreira gratificantes e a um ambiente de trabalho positivo.

Relacionamentos virtuais

No mundo moderno, os relacionamentos virtuais estão se tornando cada vez mais comuns. A tecnologia nos permite conectar-nos com pessoas de todo o mundo, tanto para fins pessoais quanto profissionais. Neste capítulo, exploraremos a importância dos relacionamentos virtuais e daremos conselhos sobre como gerenciá-los de maneira eficaz.

1. A importância dos relacionamentos virtuais.

Os relacionamentos virtuais podem ser tão significativos quanto os relacionamentos presenciais. Eles podem envolver amizades online, relacionamentos românticos à distância, parcerias comerciais remotas e muito mais. Os relacionamentos virtuais podem oferecer suporte, conexão e oportunidades únicas.

2. Comunicação on-line eficaz.

A comunicação online é essencial para relacionamentos virtuais. Utilize ferramentas de comunicação adequadas, como e-mail, chat, videochamadas ou plataformas de redes sociais. Certifique-se de ser claro e respeitoso em sua comunicação, pois a falta de dicas não-verbais pode levar a mal-entendidos.

3. Estabelecendo e mantendo limites.

Os relacionamentos virtuais podem ser intensos, por isso é importante estabelecer e manter limites saudáveis. Respeite seu tempo e espaço pessoal e certifique-se de que outros façam o mesmo.

4. Autenticidade e Honestidade.

Seja autêntico e honesto em seus relacionamentos virtuais. Não tente ser alguém que você não é, pois a sinceridade é essencial para construir confiança online.

5. Segurança on-line.

Proteja sua segurança on-line. Use senhas seguras, evite compartilhar informações pessoais confidenciais com estranhos e tome cuidado com golpes online.

6. Crescimento pessoal.

Os relacionamentos virtuais podem oferecer oportunidades de crescimento pessoal. Você pode aprender com pessoas de diferentes origens e obter novas perspectivas e experiências culturais.

7. Gerenciamento de conflitos virtuais.

Os conflitos também podem surgir em relacionamentos virtuais. Aprenda a lidar com eles de forma construtiva, usando uma comunicação aberta e respeitosa.

8. Fazendo conexões significativas.

Tente fazer conexões significativas em seus relacionamentos virtuais. Participe ativamente de conversas, compartilhe interesses comuns e reserve um tempo para conhecer melhor as pessoas.

Os relacionamentos virtuais oferecem oportunidades únicas de conexão com pessoas de todo o mundo, mas exigem atenção e gestão consciente. Eles podem enriquecer a sua vida e a sua rede social, mas é importante mantê-los saudáveis e equilibrados. Com a comunicação certa e uma abordagem autêntica, os relacionamentos virtuais podem ser gratificantes e significativos.

RELACIONAMENTOS INTERPESSOAIS EM SITUAÇÕES ESPECÍFICAS

Relacionamentos no trabalho

Os relacionamentos no trabalho são um elemento crucial na sua vida profissional. Passamos grande parte do nosso tempo no trabalho, e a qualidade do relacionamento com colegas, superiores e colaboradores pode influenciar diretamente na nossa felicidade e sucesso profissional. Neste capítulo, exploraremos a importância dos relacionamentos no trabalho e daremos conselhos sobre como gerenciá-los de maneira eficaz.

1. A importância dos relacionamentos no trabalho.

Os relacionamentos no trabalho são essenciais para um ambiente de trabalho saudável e produtivo. Eles podem afetar seu nível de satisfação no trabalho, o crescimento de sua carreira e sua felicidade geral.

2. Comunicação efetiva.

A comunicação é fundamental nos relacionamentos no trabalho. Quer você esteja colaborando com colegas, reportando-se a superiores ou gerenciando colaboradores, é importante comunicar-se de forma clara e eficaz. A escuta ativa é tão importante quanto a capacidade de expressar ideias e opiniões.

3. Respeito e Profissionalismo.

O respeito mútuo e o profissionalismo são essenciais nas relações de trabalho. Trate os colegas com cortesia e respeito, respeite as opiniões dos outros e crie um ambiente de trabalho positivo.

4. Trabalho em equipe e colaboração.

A capacidade de trabalhar em equipe e colaborar com outras pessoas é crucial em muitos ambientes de trabalho. Esteja aberto às ideias dos outros, compartilhe conhecimento e experiência e contribua para o sucesso coletivo.

5. Gestão de Conflitos.

Podem surgir conflitos na esfera profissional. Aprenda a lidar com eles de forma construtiva, buscando soluções que satisfaçam ambas as partes e evitando disputas prejudiciais.

6. Rede profissional.

Construir uma rede de contatos profissionais é um aspecto importante do crescimento de sua carreira. Participe de eventos, conferências ou seminários do setor e tente fazer conexões que sejam úteis para sua área de trabalho.

7. Crescimento profissional.

Os relacionamentos no trabalho podem afetar o crescimento da sua carreira. Peça feedback de colegas e superiores, busque mentorias e compartilhe conhecimentos para aprimorar suas habilidades e avançar na carreira.

8. Equilíbrio entre trabalho e vida pessoal.

Manter um equilíbrio saudável entre vida pessoal e profissional é crucial para sua saúde e bem-estar. Reserve um tempo para sua vida fora do trabalho para evitar o esgotamento e preservar seus relacionamentos pessoais.

Os relacionamentos no trabalho podem ter um impacto significativo na sua vida profissional e pessoal. Cultivá-los exige comprometimento e atenção constante, mas podem levar a oportunidades de carreira gratificantes e a um ambiente de trabalho positivo.

Relações na comunidade

As relações comunitárias são um elemento vital para o bem-estar e a coesão de uma sociedade. A comunidade é onde vivemos, trabalhamos e partilhamos recursos com outras pessoas, e é essencial cultivar relações positivas para melhorar a qualidade de vida e promover uma comunidade saudável e solidária. Neste capítulo, exploraremos a importância das relações comunitárias e daremos dicas sobre como desenvolvê-las de forma eficaz.

1. A importância dos relacionamentos na comunidade.

As relações comunitárias contribuem para o sentimento de pertença e qualidade de vida na sua área de residência. Eles podem melhorar a segurança, a cooperação e a felicidade geral dos membros da comunidade.

2. Envolvimento ativo.

Participar ativamente na comunidade é uma forma eficaz de construir relacionamentos positivos. Participe de eventos comunitários, atividades voluntárias e grupos locais para conhecer pessoas com interesses semelhantes.

3. Comunicação e Escuta.

A comunicação aberta e a boa escuta são fundamentais nas relações comunitárias. Aprenda a compartilhar suas idéias e opiniões com respeito e a prestar atenção às necessidades e perspectivas dos outros.

4. Colaboração e Projetos Comunitários.

A colaboração com outros membros da comunidade em projectos ou iniciativas conjuntas pode fortalecer relacionamentos e melhorar a comunidade como um todo. Trabalhar juntos em projetos pode criar um senso de propósito e realização compartilhada.

5. Respeito pela Diversidade.

As comunidades são frequentemente constituídas por pessoas com diferentes origens, culturas e experiências. O respeito pela diversidade é crucial para evitar conflitos e promover a inclusão.

6. Enfrentando os desafios da comunidade.

Cada comunidade enfrenta desafios específicos. A parceria com outros para enfrentar estes desafios, tais como questões de segurança, ambientais ou sociais, pode fortalecer o tecido social da comunidade.

7. Suporte para membros vulneráveis.

Oferecer apoio aos membros mais vulneráveis da comunidade é um ato de compaixão e solidariedade. Isto pode incluir cuidar de idosos, crianças ou pessoas com necessidades especiais.

8. Educação e conscientização.

A educação e a divulgação comunitária podem ajudar a criar uma compreensão mais profunda dos desafios e oportunidades na sua área. Organize eventos educativos ou participe em iniciativas de sensibilização para envolver ativamente os membros da comunidade.

As relações comunitárias são essenciais para a construção de uma sociedade coesa e solidária. Cultivá-los requer compromisso e participação ativa, mas podem levar a uma melhor qualidade de vida para você e outros membros da sua comunidade.

Relacionamentos na escola

Os relacionamentos na escola são fundamentais para o sucesso e o bem-estar dos alunos, professores e funcionários da escola. Uma escola onde os relacionamentos são positivos e de apoio cria um ambiente de aprendizagem mais eficaz e gratificante. Neste capítulo, exploraremos a importância dos relacionamentos na escola e daremos dicas sobre como desenvolvê-los de forma eficaz.

1. A importância dos relacionamentos na escola.

Os relacionamentos na escola são cruciais para o crescimento e desenvolvimento dos alunos. Eles podem influenciar o sucesso acadêmico, o bem-estar emocional e a formação de habilidades sociais.

2. Relações entre Alunos e Professores.

As relações entre alunos e professores são um aspecto essencial da experiência escolar. Os professores podem ter um impacto duradouro na vida dos alunos, oferecendo apoio, inspiração e orientação. Os alunos, por outro lado, podem aprender com professores especializados e beneficiar da sua experiência.

3. Relações entre Alunos e Pares.

As relações entre alunos e colegas são igualmente importantes. Os alunos desenvolvem habilidades sociais, empatia e apoio mútuo por meio de amizades e interações com outros alunos.

4. Comunicação e Escuta Ativa.

A comunicação aberta e a escuta ativa são fundamentais para os relacionamentos na escola. Os professores devem ser capazes de comunicar eficazmente com os alunos, ouvir as suas necessidades e responder às suas perguntas. Da mesma forma, os alunos devem aprender a comunicar de forma clara e respeitosa com os seus professores e colegas.

5. Construindo relacionamentos de apoio.

Os professores e funcionários da escola devem trabalhar para construir relacionamentos de apoio com os alunos. Isso pode incluir oferecer ajuda adicional aos alunos com dificuldades, reconhecer o sucesso dos alunos e criar um ambiente de sala de aula inclusivo e acolhedor.

6. Resolver conflitos.

Podem surgir conflitos no ambiente escolar. Ensinar os alunos a resolver conflitos de forma construtiva é um aspecto importante da educação social e emocional.

7. Crescimento Pessoal e Desenvolvimento de Habilidades Sociais.

Os relacionamentos na escola contribuem para o crescimento pessoal e o desenvolvimento das habilidades sociais dos alunos. Aprender a colaborar, comunicar e interagir com outras pessoas é um aspecto crucial da educação.

8. Envolvimento dos pais.

Envolver os pais nas relações escolares é igualmente importante. Os professores e funcionários da escola podem trabalhar com os pais para apoiar os alunos e enfrentar os desafios educacionais.

Os relacionamentos na escola podem ter um impacto duradouro na vida dos alunos. Cultivá-los exige comprometimento de professores, funcionários da escola, alunos e pais. Um ambiente escolar baseado em relações positivas pode melhorar a aprendizagem e o bem-estar de todos os envolvidos.

Relações em situações de conflito

As situações de conflito são inevitáveis na vida e podem surgir nas relações pessoais, profissionais, familiares e comunitárias. Aprender a gerir relacionamentos durante conflitos é uma habilidade crucial para promover a compreensão mútua e a resolução construtiva de problemas. Neste capítulo, exploraremos como lidar com relacionamentos em situações de conflito e forneceremos conselhos sobre como gerenciá-los de forma eficaz.

1. Compreenda as causas do conflito.

A primeira chave para gerir conflitos é compreender as suas causas. Identificar as razões por trás do conflito pode ajudá-lo a encontrar soluções adequadas e evitar que isso aconteça novamente no futuro.

2. Comunicação aberta e empática.

A comunicação é essencial durante um conflito. Converse com as outras pessoas envolvidas de forma aberta, honesta e empática. Tente compreender suas perspectivas e sentimentos e compartilhe seus pensamentos de forma clara e respeitosa.

3. Escuta activa.

A escuta ativa é um componente crucial da comunicação durante o conflito. Concentre-se em ouvir verdadeiramente o que a outra pessoa está dizendo, sem interrupções ou julgamentos. Faça perguntas para esclarecer e mostrar empatia.

4. Respeito mútuo.

O respeito mútuo é fundamental durante o conflito. Trate os outros com cortesia e respeito, mesmo que discorde deles. Evite linguagem abusiva ou comportamento agressivo.

5. Pesquise soluções comuns.

O principal objetivo durante um conflito deve ser a busca de soluções comuns que satisfaçam ambos os lados. Em vez de tentar "vencer" o conflito, trabalhe para encontrar um terreno comum que possa levar a uma resolução positiva.

6. Envolva um mediador.

Em situações de conflito particularmente complexas, pode ser útil envolver um mediador neutro. Um mediador pode facilitar a comunicação entre as partes e ajudar a encontrar soluções aceitáveis.

7. Aprenda com a situação.

Após a resolução do conflito, reflita sobre a situação e aprenda com ela. Considere o que você aprendeu e como poderá abordar situações semelhantes de maneira diferente no futuro.

8. Perdão e Compaixão.

Em algumas situações, o perdão e a compaixão podem ser componentes importantes na resolução de conflitos. Perdoar pode ajudar a liberar mágoas e restaurar relacionamentos.

Situações de conflito são inevitáveis na vida, mas a sua resposta a elas pode fazer toda a diferença. Aprender a gerir relacionamentos durante conflitos de uma forma construtiva pode levar a uma compreensão mútua mais profunda e a relacionamentos mais fortes a longo prazo.

Relacionamentos em situações multiculturais

Os relacionamentos em situações multiculturais oferecem oportunidades únicas e desafios interessantes. Este capítulo explora como navegar com sucesso na dinâmica dos relacionamentos quando se trata de diversidade cultural.

1. Consciência cultural:
- A primeira chave para lidar com situações multiculturais é desenvolver a consciência cultural.
- Aprenda a reconhecer suas próprias crenças culturais e esteja aberto à diversidade.
2. Respeito e Tolerância:
- Mostrar respeito pelas diferentes culturas, evitando estereótipos e preconceitos.
- Esteja aberto ao diálogo e à compreensão de diferentes perspectivas culturais.
3. Comunicação intercultural:
- As diferenças culturais podem afetar a comunicação.
- Esteja atento às maneiras pelas quais a linguagem, os gestos e a etiqueta podem variar entre as culturas.
4. Empatia Intercultural:
- Procure compreender as experiências e desafios de outras pessoas em diferentes culturas.
- A empatia intercultural cria conexões mais fortes e compreensão mútua.
5. Adaptabilidade Cultural:
- Desenvolver a capacidade de adaptação a diferentes situações culturais e estilos de comunicação.
- Ser flexível e aberto a mudanças é fundamental.
6. Superando barreiras linguísticas:

- As diferenças de idioma podem ser uma barreira à comunicação.
- Invista na melhoria de suas habilidades no idioma ou procure maneiras criativas de superar esse desafio.

7. Conflitos Culturais:

- A má compreensão das normas culturais pode levar a conflitos.
- Esteja disposto a discutir e resolver quaisquer conflitos de maneira aberta e respeitosa.

8. Relações Interpessoais Positivas:

- As relações multiculturais podem ser extremamente enriquecedoras.
- Esteja aberto a novas amizades e conexões que abrangem a diversidade.

9. Liderança em situações multiculturais:

- Se você é um líder, aprenda como gerenciar equipes multiculturais de forma eficaz.
- Promova um ambiente de trabalho inclusivo que respeite as diferenças.

10. Educação continuada:

- A consciência cultural é um processo contínuo.
- Continue se educando sobre diferentes culturas e tente melhorar constantemente suas habilidades interpessoais em situações multiculturais.

Lidar com relacionamentos em situações multiculturais requer um compromisso contínuo com a aprendizagem e a compreensão. No entanto, esses relacionamentos podem enriquecer muito a sua vida e proporcionar oportunidades de crescimento pessoal e profissional significativo.

Seja aberto, respeitoso e curioso ao navegar neste fascinante mundo de diversidade cultural nas relações interpessoais.

AUTOESTIMA E AUTOCUIDADO NOS RELACIONAMENTOS

Importância da autoestima

A autoestima é um aspecto fundamental da saúde mental e do bem-estar pessoal. Afeta sua capacidade de enfrentar desafios, construir relacionamentos positivos e atingir seus objetivos. Neste capítulo, exploraremos a importância da auto-estima e como cultivá-la para uma vida mais plena e gratificante.

1. Definição de Autoestima.

Autoestima é a avaliação subjetiva que uma pessoa tem de si mesma. É sobre como você se percebe, o quanto você se valoriza e o quanto acredita em suas próprias habilidades e valor.

2. A importância da autoestima.

A auto-estima é crucial para vários aspectos da sua vida:

- Autoestima e bem-estar emocional: A autoestima positiva está correlacionada com uma melhor saúde mental. Ajuda a controlar o estresse, a ansiedade e a depressão de maneira mais eficaz.
- Autoestima e Relacionamentos: A autoestima afeta seus relacionamentos com outras pessoas. Uma boa autoestima permite construir relacionamentos mais saudáveis baseados na confiança mútua.
- Autoestima e Sucesso: Acreditar em si mesmo é essencial para alcançar seus objetivos pessoais e profissionais. Uma autoestima positiva motiva você a buscar desafios e superar obstáculos.
- Autoestima e saúde física: A autoestima também pode afetar sua saúde física. Pessoas com autoestima positiva tendem a cuidar melhor do corpo.
3. Cultive uma autoestima positiva.

Aqui estão algumas estratégias para cultivar uma autoestima positiva:

- Autoaceitação: Aceite-se como você é, com seus pontos fortes e fracos. Ninguém é perfeito e aceitar suas limitações é um passo importante em direção à autoestima.
- Desafios Pessoais: Desafie-se e teste-se em situações que o tirem da sua zona de conforto. Superar esses desafios pode aumentar sua autoconfiança.
- Metas realistas: estabeleça metas realistas e alcançáveis. O sucesso em pequenos desafios pode ajudar a aumentar a auto-estima.
- Autocuidado: Cuide do seu corpo e da sua mente. Exercício, alimentação balanceada e descanso adequado podem impactar positivamente a autoestima.
- Comunicação Positiva: Fale consigo mesmo de maneira positiva. Substitua os pensamentos negativos por pensamentos mais construtivos e compassivos.
- Lidando com as críticas: Aprenda a lidar com as críticas de forma construtiva, sem se deixar abater. Ouça as críticas e tente aprender lições com elas.
- Valorização das Conquistas: Comemore seus sucessos, mesmo os menores. Reconhecer suas realizações pode aumentar a auto-estima.

A autoestima positiva é um presente precioso que você pode dar a si mesmo. Contribui para o seu bem-estar emocional, relacionamentos e sucesso pessoal. Invista tempo e energia no seu crescimento e você descobrirá um impacto positivo em sua vida em geral.

Trabalhe sua autoestima

Trabalhar a autoestima é um processo contínuo que exige comprometimento e autorreflexão. Uma boa autoestima pode melhorar sua vida de várias maneiras, contribuindo para seu bem-estar emocional, seus relacionamentos e seu sucesso pessoal. Neste capítulo, exploraremos como você pode trabalhar sua auto-estima de maneira eficaz.

1. Autoaceitação e autoconsciência.

O primeiro passo para melhorar sua autoestima é desenvolver a autoaceitação e a autoconsciência. Aceite-se como você é, com pontos fortes e fracos. Conheça seus pontos fortes e fracos e esteja disposto a trabalhar neles.

2. Reconheça seus sucessos.

Faça uma lista de seus sucessos, mesmo os menores. Reconhecer suas realizações ajuda você a desenvolver uma visão mais positiva de si mesmo.

3. Aprenda com as críticas.

Lide com as críticas de forma construtiva. Ouça o que os outros têm a dizer e veja se há alguma área que você possa melhorar. Lembre-se de que as críticas não definem toda a sua identidade.

4. Estabeleça metas realistas.

Estabeleça metas realistas e alcançáveis. O sucesso em pequenos desafios pode aumentar sua autoconfiança e aumentar sua autoestima.

5. Comunicação positiva consigo mesmo.

Substitua os pensamentos negativos por pensamentos mais positivos e compassivos. Evite a autocrítica e substitua-a pela autocompaixão.

6. Desafios pessoais.

Teste-se em situações que o tirem da sua zona de conforto. Superar esses desafios pode aumentar sua autoconfiança.

7. Autocuidados.

Cuide do seu corpo e mente. Exercício, alimentação balanceada e descanso adequado podem impactar positivamente a autoestima.

8. Evite o perfeccionismo.

Evite procurar a perfeição. Ninguém é perfeito e esperar a perfeição pode prejudicar sua autoestima. Aceite seus erros e aprenda com eles.

9. Suporte de pesquisa.

Converse com amigos de confiança ou com um terapeuta se estiver com problemas de autoestima. O apoio social pode ser inestimável em sua jornada de crescimento pessoal.

10. Comemore seus sucessos.

Comemore seus sucessos, mesmo os menores. Reconhecer suas realizações pode aumentar a auto-estima.

Trabalhar a sua autoestima é um investimento na sua saúde mental e no seu bem-estar geral. Levará tempo e esforço, mas os resultados serão inestimáveis.

Uma boa autoestima o ajudará a superar desafios, melhorar seus relacionamentos e atingir seu potencial pessoal e profissional.

Autocuidado nos relacionamentos

O autocuidado é um elemento essencial para manter relacionamentos saudáveis e gratificantes. Antes de poder cultivar relacionamentos com outras pessoas de maneira eficaz, você precisa cuidar bem de si mesmo. Neste capítulo, exploraremos a importância do autocuidado nos relacionamentos e como você pode praticá-lo.

1. Autocuidado como base.

O autocuidado é a base sobre a qual relacionamentos saudáveis são construídos. Quando você cuida de si mesmo, você consegue dar mais aos outros de forma saudável e equilibrada.

2. Ouça suas necessidades emocionais.

Ouça suas necessidades emocionais e certifique-se de satisfazê-las. Reconheça seus sentimentos e procure maneiras de lidar com eles de maneira saudável e que não prejudique seus relacionamentos.

3. Aprenda a planejar o tempo para você.

Agende um tempo para você. Encontre momentos de relaxamento, autorreflexão e autocuidado, mesmo que sejam pequenas pausas no seu dia.

4. Estabeleça limites e aplique seus limites.

Estabeleça limites em seus relacionamentos e certifique-se de que eles sejam respeitados. Não hesite em dizer não quando for necessário para proteger o seu bem-estar.

5. Mantenha interesses e atividades pessoais.

Continue a perseguir seus interesses e atividades pessoais. Não sacrifique completamente sua identidade pelos relacionamentos. Manter suas paixões pode enriquecer sua vida e torná-lo uma pessoa mais interessante para os outros.

6. Comunicação aberta e honesta.

Comunique suas necessidades e sentimentos abertamente com clareza e honestidade. Relacionamentos saudáveis são construídos com base na comunicação.

7. Cuide da sua saúde física e mental.

Cuide da sua saúde física e mental. O exercício regular, uma dieta equilibrada e o acesso a apoio psicológico conforme necessário podem contribuir para o seu bem-estar geral.

8. Trabalhe sua autoestima.

Melhorar sua autoestima é um aspecto importante do autocuidado. Aprenda a amar a si mesmo e a acreditar no seu valor pessoal.

9. Procure apoio de amigos e profissionais.

Se você estiver enfrentando problemas emocionais ou de autocuidado, procure o apoio de amigos de confiança ou profissionais de saúde mental. Não hesite em pedir ajuda quando precisar.

10. Promova seu crescimento pessoal.

Promova o seu crescimento pessoal através da leitura, treinamento ou aquisição de novas habilidades. O crescimento pessoal pode aumentar sua autoestima e enriquecer seus relacionamentos.

O autocuidado é um investimento na sua felicidade e na saúde dos seus relacionamentos. Ao cuidar de si mesmo, você consegue oferecer o melhor aos outros e contribuir para relacionamentos mais fortes e gratificantes.

Mantenha o equilíbrio entre dar e receber

Um dos maiores desafios nos relacionamentos é manter um equilíbrio saudável entre dar e receber. Muitas vezes, uma parte do relacionamento pode parecer sobrecarregada ou negligenciada se esse equilíbrio for prejudicado. Neste capítulo, exploraremos a importância de encontrar e manter esse equilíbrio nos relacionamentos.

1. Compreendendo o conceito de dar e receber.

Nos relacionamentos, "dar" significa oferecer apoio emocional, tempo, atenção e recursos à outra pessoa. "Receber" envolve aceitar apoio e ajuda de outras pessoas. Ambos os aspectos são essenciais para manter relacionamentos saudáveis.

2. Reconhecendo os sinais de um desequilíbrio.

Um primeiro passo para manter o equilíbrio é estar atento aos sinais que indicam um desequilíbrio. Isso pode incluir sentimentos de exploração, ressentimento ou esgotamento.

3. Comunicação aberta.

A comunicação aberta é fundamental para resolver questões de equilíbrio no relacionamento. Converse com a outra pessoa sobre seus sentimentos e necessidades. Ouça também suas preocupações e necessidades.

4. Defina limites claros.

Estabeleça limites claros no relacionamento. Podem ser sobre o tempo, energia ou recursos que você está disposto a investir. Respeite seus limites e faça com que os outros os respeitem.

5. Busque o equilíbrio nas diferentes esferas do relacionamento.

O equilíbrio entre dar e receber pode variar em diferentes esferas do relacionamento. Por exemplo, em algumas situações você pode ser o principal apoiador emocional, enquanto em outras você pode ser quem recebe apoio.

6. Lembre-se de que os relacionamentos são dinâmicos.

Os relacionamentos são dinâmicos e podem mudar com o tempo. Isto significa que o equilíbrio entre dar e receber pode variar dependendo das circunstâncias.

7. Não hesite em pedir ajuda.

Se o desequilíbrio persistir ou se o relacionamento for gravemente prejudicado por ele, talvez seja necessário procurar a ajuda de um terapeuta ou conselheiro para resolver a situação.

8. Cultive a gratidão.

Desenvolva uma prática de gratidão. Reconhecer e valorizar o que você recebe dos outros pode fortalecer o sentimento de apreço mútuo.

9. Equilíbrio de autocura.

Mantenha o equilíbrio mesmo no autocuidado. Cuidar de si mesmo é fundamental para poder dar e receber nos relacionamentos. Não negligencie seu bem-estar pessoal.

Manter o equilíbrio entre dar e receber nos relacionamentos requer consciência, comunicação aberta e um compromisso mútuo de apoio mútuo. Quando você atinge esse equilíbrio, seus relacionamentos tendem a ser mais fortes e gratificantes.

TECNOLOGIA E RELACIONAMENTOS INTERPESSOAIS

Impacto da tecnologia nos relacionamentos

O advento da tecnologia teve um impacto profundo nas relações humanas, influenciando a comunicação, a conexão e a própria natureza das relações. Neste capítulo, exploraremos como a tecnologia moldou os relacionamentos e quais desafios e oportunidades ela apresenta.

1. Comunicação Virtual.

A tecnologia tornou possível a comunicação instantânea por meio de mensagens, videochamadas e redes sociais. Isto facilitou a comunicação à distância, mas também pode levar a comunicações superficiais ou mal-entendidos.

2. Relacionamentos à longa distância.

A tecnologia permitiu relacionamentos significativos entre pessoas que vivem à distância. Os aplicativos de videochamada e mensagens permitem que casais e amigos mantenham uma conexão emocional, apesar da separação geográfica.

3. Novos modelos de namoro.

Os aplicativos de namoro online revolucionaram a maneira como as pessoas se encontram e se conectam romanticamente. No entanto, também podem criar expectativas irrealistas e superficialidade nas interações.

4. Mídias Sociais e Relacionamentos.

As redes sociais têm um impacto significativo nos relacionamentos. Eles podem amplificar o compartilhamento e a conexão, mas também causar conflitos, ciúmes e problemas de privacidade.

5. Dependência tecnológica.

O uso excessivo da tecnologia pode levar a um vício prejudicial, que pode desviar a atenção dos relacionamentos pessoais e causar tensão nas famílias e nos casais.

6. Privação de sono.

O uso noturno de dispositivos tecnológicos pode afetar a qualidade do sono e da saúde, comprometendo a energia disponível para sustentar relacionamentos.

7. Comparação social on-line.

Comparar-se com a vida aparentemente perfeita de outras pessoas nas redes sociais pode afetar negativamente a autoestima e causar sentimentos de inadequação.

8. Oportunidades de aprendizagem e conexão.

A tecnologia oferece amplas oportunidades de aprendizado e conexão. Você pode aprender novas habilidades, conectar-se com pessoas que pensam como você em todo o mundo e acessar recursos educacionais.

9. Autonomia e Independência.

A tecnologia pode promover autonomia e independência nos relacionamentos. Por exemplo, as pessoas podem gerir as suas reservas, planear viagens e resolver problemas do quotidiano através de aplicações e serviços online.

10. Equilíbrio entre Tecnologia e Relações Interpessoais.

Manter um equilíbrio saudável entre o uso da tecnologia e as relações interpessoais é essencial. Aprenda a se desconectar quando necessário para se concentrar nos relacionamentos pessoais e no autocuidado.

A tecnologia transformou profundamente o panorama das relações humanas, trazendo consigo vantagens e desafios. É importante estar consciente do impacto da tecnologia e desenvolver competências para navegar com sucesso no mundo digital, mantendo relacionamentos significativos e saudáveis.

Uso responsável da tecnologia nos relacionamentos

O uso responsável da tecnologia nos relacionamentos é fundamental para garantir que as conexões interpessoais permaneçam saudáveis, fortes e significativas. Neste capítulo, exploraremos como você pode usar a tecnologia com responsabilidade para melhorar seus relacionamentos.

1. Consciência de uso.

O primeiro passo para o uso responsável da tecnologia é estar ciente do seu comportamento. Anote quanto tempo você passa online e reflita sobre o efeito que isso tem em seus relacionamentos.

2. Limites de tempo.

Estabeleça limites de tempo para uso da tecnologia. Por exemplo, você pode definir um limite de tempo gasto nas redes sociais ou no telefone durante interações cara a cara.

3. Zona Franca de Tecnologia.

Crie uma "zona livre de tecnologia" em sua casa ou em determinados horários do dia. Este espaço ou tempo dedicado para se desconectar pode promover uma comunicação de qualidade com as pessoas de quem você gosta.

4. Respeite a privacidade.

Respeite a privacidade de outras pessoas em suas interações online. Não compartilhe informações pessoais ou fotos sem o consentimento de terceiros e respeite suas preferências de compartilhamento de dados pessoais.

5. Evite o uso durante interações importantes.

Quando estiver com outras pessoas em situações sociais importantes, tente evitar o uso excessivo do telefone ou de outros dispositivos. Dê toda a sua atenção durante conversas e eventos.

6. Comunicação clara sobre expectativas e limites.

Comunique-se claramente com as pessoas em seus relacionamentos sobre o que você espera e as limitações do uso da tecnologia. Isso pode ajudar a evitar mal-entendidos e conflitos.

7. Promova conversas significativas.

Use a tecnologia para promover conversas significativas. Você pode compartilhar artigos, livros ou vídeos interessantes com outras pessoas para estimular discussões enriquecedoras.

8. Resolva conflitos online de forma construtiva.

Quando surgirem conflitos online, lide com eles de forma construtiva. Evite respostas impulsivas ou ofensivas e tente resolver o problema através de uma comunicação aberta e respeitosa.

9. Mantenha uma conexão offline.

Não se esqueça da importância das conexões offline. Passe tempo de qualidade com as pessoas de quem você gosta, realizando atividades que não envolvam tecnologia.

10. Compromisso com o Bem Comum.

Por fim, comprometa-se com o bem comum em seus relacionamentos. O objetivo deveria ser utilizar a tecnologia para melhorar e enriquecer as conexões humanas, e não substituí-las ou deteriorá-las.

Usar a tecnologia de forma responsável pode melhorar seus relacionamentos, ajudando a preservar a conexão humana e a comunicação significativa. Com uma abordagem equilibrada e consciente, você poderá aproveitar ao máximo o potencial positivo da tecnologia em seus relacionamentos.

Manter a conexão humana em um mundo digital

No mundo moderno, a tecnologia digital trouxe muitos benefícios, mas também criou desafios para a manutenção de ligações humanas significativas. Neste capítulo, exploraremos como a conexão humana pode ser preservada e nutrida em um mundo digital.

1. Pratique a presença consciente.

A presença consciente envolve estar totalmente presente no momento presente durante as interações humanas. Quando estiver com alguém, deixe o telefone de lado e concentre-se na conversa ou experiência com essa pessoa.

2. Use a tecnologia para fortalecer relacionamentos.

Use a tecnologia estrategicamente para fortalecer relacionamentos. Você pode agendar videochamadas com amigos distantes, enviar mensagens de agradecimento e compartilhar momentos especiais pelas redes sociais.

3. Equilibre o uso da tecnologia.

Mantenha um equilíbrio entre usar a tecnologia e passar tempo com outras pessoas. Estabeleça limites ao uso de dispositivos e crie espaços livres de tecnologia para promover a interação face a face.

4. Valorize o tempo de qualidade.

Quando você passa tempo com outras pessoas, certifique-se de que seja de qualidade. Dê toda a sua atenção e esteja ativamente envolvido na conversa ou atividade em andamento.

5. Faça esforços para conhecer pessoas.

Aproveite a tecnologia para conhecer melhor as pessoas. Você pode participar de grupos online ou fóruns de interesse comum para conhecer novas pessoas e ampliar suas conexões.

6. Promova a compaixão e a empatia online.

Em suas interações online, promova a compaixão e a empatia. Tente compreender as perspectivas dos outros e respeite suas opiniões, mesmo que discorde.

7. Escolha Consciente de Tecnologia.

Escolha cuidadosamente como e quando você usa a tecnologia. Evite fazer da tecnologia uma distração constante em seus relacionamentos e na vida diária.

8. Reconheça a importância dos relacionamentos offline.

Não se esqueça da importância dos relacionamentos offline. Passe tempo com amigos e familiares, participe de eventos sociais e atividades presenciais e desfrute do calor das conexões humanas reais.

9. Comunicação aberta.

Mantenha a comunicação aberta com as pessoas em seus relacionamentos. Fale sobre seus sentimentos, necessidades e expectativas e ouça o que os outros têm a dizer.

10. Pratique bondade e respeito.

Seja online ou offline, pratique a gentileza e o respeito. Esses valores são fundamentais para manter relacionamentos saudáveis e significativos.

Num mundo digital em constante mudança, é possível manter a conexão humana cultivando relações autênticas, conscientes e respeitosas. Reserve um tempo para refletir sobre seus hábitos e relacionamentos digitais e faça escolhas que promovam a conexão humana e o bem-estar emocional.

RELACIONAMENTOS INTERPESSOAIS E BEM-ESTAR

A ligação entre relações interpessoais e bem-estar

A ligação entre relações interpessoais e bem-estar é profunda e intrínseca. Nossas conexões com outras pessoas desempenham um papel crucial na determinação de nossa qualidade de vida e de nosso estado de saúde física e mental. Neste capítulo, exploraremos como os relacionamentos interpessoais afetam nosso bem-estar.

1. Apoio Emocional e Social.

As relações interpessoais fornecem importante apoio emocional e social. Amigos, familiares e parceiros podem oferecer conforto, conselhos e uma rede de segurança em tempos difíceis.

2. Redução do estresse.

Relacionamentos positivos podem ajudar a reduzir o estresse. Compartilhar problemas com alguém em quem você confia pode aliviar o fardo das preocupações e promover um melhor gerenciamento do estresse.

3. Fator longevidade.

Estudos mostram que pessoas com relações sociais fortes tendem a viver mais e a ter melhor qualidade de vida mais tarde.

4. Melhoria do bem-estar emocional.

Relacionamentos interpessoais positivos estão relacionados a um maior bem-estar emocional. Carinho, conexão e sentimento de pertencimento contribuem para uma vida mais feliz.

5. Crescimento pessoal.

Os relacionamentos podem promover o crescimento pessoal. Interagir com outras pessoas nos expõe a novas perspectivas, nos desafia a crescer e nos ajuda a descobrir mais sobre nós mesmos.

6. Resiliência.

Relacionamentos fortes podem contribuir para a resiliência emocional. Saber que você tem pessoas a quem recorrer em momentos difíceis pode aumentar sua capacidade de enfrentar desafios.

7. Saúde mental.

As relações interpessoais desempenham um papel importante na saúde mental. O isolamento social pode levar a problemas como depressão e ansiedade, enquanto conexões sociais positivas podem fornecer uma importante rede de apoio.

8. Os benefícios dos relacionamentos românticos.

Relacionamentos românticos saudáveis podem levar a maior felicidade e satisfação com a vida. O amor e a intimidade podem enriquecer profundamente nosso bem-estar emocional.

9. Desafios de relacionamento e crescimento.

Os desafios de relacionamento podem ser oportunidades de crescimento pessoal e compreensão mútua. Aprender a superar as dificuldades pode fortalecer relacionamentos a longo prazo.

10. Comunicação e Empatia.

A comunicação aberta e empática é essencial para o bem-estar relacional. Melhorar suas habilidades de comunicação pode levar a relacionamentos mais saudáveis e gratificantes.

As relações interpessoais são um tesouro precioso que influencia profundamente o nosso bem-estar geral. Investir no cultivo e manutenção de relacionamentos positivos é uma das formas mais eficazes de melhorar a qualidade de sua vida e sua saúde física e mental.

Estratégias para melhorar o bem-estar através dos relacionamentos

Melhorar o bem-estar por meio dos relacionamentos é uma meta importante para uma vida satisfatória e plena. As relações interpessoais podem influenciar significativamente a sua saúde física e mental. Neste capítulo, exploraremos algumas estratégias importantes para melhorar seu bem-estar por meio de relacionamentos.

1. Cultive relacionamentos positivos.

Invista seu tempo e energia no cultivo de relacionamentos positivos. Tente manter conexões significativas com amigos, familiares e parceiros que contribuam para o seu bem-estar emocional.

2. Comunicação aberta e empática.

Melhore suas habilidades de comunicação. Pratique uma comunicação aberta e empática para promover uma compreensão mais profunda e uma conexão emocional com os outros.

3. Passe tempo de qualidade.

Gaste tempo de qualidade em relacionamentos. Não é apenas a quantidade de tempo que importa, mas também a qualidade das interações. Dê toda a sua atenção durante os momentos com outras pessoas.

4. Apoie e seja apoiado.

Seja um defensor ativo nos relacionamentos. Ofereça apoio e ouça os outros quando eles precisarem, e esteja aberto para receber apoio quando for necessário para você.

5. Resolva conflitos construtivos.

Aprenda a lidar com conflitos de forma construtiva. A resolução de conflitos pode fortalecer relacionamentos quando abordada com respeito e compreensão mútuos.

6. Crie momentos especiais.

Crie momentos especiais nos relacionamentos. Comemore ocasiões importantes e crie memórias positivas com outras pessoas.

7. Forneça amor e apreciação.

Expresse amor e apreço às pessoas de quem você gosta. Uma palavra gentil ou um gesto de carinho pode fortalecer os laços emocionais.

8. Aprenda a perdoar.

O perdão é um ato poderoso que pode liberar ressentimento e raiva. Aprenda a perdoar os outros e a si mesmo pelos erros do passado.

9. Compartilhe interesses e atividades.

Compartilhe interesses e atividades com outras pessoas. Participar de hobbies ou paixões comuns pode fortalecer a conexão e criar laços mais estreitos.

10. Procure suporte profissional, se necessário.

Se você estiver passando por sérias dificuldades em seus relacionamentos ou em administrar suas emoções, procure o apoio de um profissional de saúde mental. A terapia pode ser inestimável para lidar com desafios de relacionamento.

11. Pratique Empatia e Compaixão.

Cultive empatia e compaixão. Tente se colocar no lugar dos outros e compreender suas perspectivas e sentimentos.

12. Equilibre relacionamentos online e offline.

Mantenha um equilíbrio entre relacionamentos online e offline. Ambos podem ser inestimáveis, mas reservar tempo para conexões cara a cara também é importante.

Melhorar o bem-estar através dos relacionamentos requer compromisso e consciência. Invista nos seus relacionamentos, trabalhe na sua comunicação e pratique a empatia para criar conexões mais significativas e contribuir para o seu bem-estar geral.

Lidando com desafios relacionados a relacionamentos e saúde mental

As relações interpessoais podem trazer alegria e realização, mas também podem apresentar desafios que afetam a nossa saúde mental. Neste capítulo, exploraremos alguns desafios comuns de relacionamento e como enfrentá-los para preservar nosso bem-estar mental.

1. Comunicação ineficaz.

- Sintomas: A falta de comunicação ou comunicação ineficaz pode levar a mal-entendidos e conflitos nos relacionamentos.
- Estratégias: Trabalhe em suas habilidades de comunicação. Ouça ativamente, expresse seus sentimentos com clareza e respeito e peça feedback para melhorar.

2. Conflitos contínuos.

- Sintomas: Conflitos frequentes podem causar estresse e tensão emocional.
- Estratégias: Aprenda a gerenciar conflitos de forma construtiva. Procure chegar a um acordo, pratique a escuta empática e consulte um conselheiro, se necessário.

3. Isolamento social.

- Sintomas: O isolamento social pode levar à solidão, depressão e ansiedade.
- Estratégias: Procure oportunidades de se conectar com outras pessoas. Participe de grupos, atividades sociais ou seja voluntário para fazer novas conexões.

4. Vício em relacionamento.

- Sintomas: A dependência emocional de um relacionamento pode causar ansiedade, depressão e baixa autoestima.
- Estratégias: Trabalhe sua independência emocional. Cultive interesses pessoais e construa um senso de autoestima independente.

5. Ciúme e Inveja.

- Sintomas: O ciúme e a inveja podem envenenar relacionamentos e causar sofrimento emocional.
- Estratégias: Trabalhe a sua autoestima e pratique a gratidão. Concentre-se em seus sucessos e aprecie seus relacionamentos pelo que eles são.

6. Abuso ou Conduta Prejudicial.

- Sintomas: Abuso ou comportamento prejudicial nos relacionamentos podem ter graves consequências para a saúde mental.
- Estratégias: Em casos de abuso, procure ajuda e apoio profissional imediatamente. Sua segurança é a prioridade.

7. Perda de um relacionamento significativo.

- Sintomas: A perda de um relacionamento significativo, como um rompimento ou morte, pode causar tristeza e luto profundos.
- Estratégias: Busque apoio de amigos, familiares ou terapeutas. Respeite seu processo de luto e reserve um tempo para curar.

8. Estresse relacionado às relações de trabalho.

- Sintomas: O estresse no relacionamento no local de trabalho pode afetar negativamente a saúde mental.
- Estratégias: Procure maneiras de gerenciar o estresse no trabalho, como estabelecer limites claros e usar práticas de gerenciamento de estresse.

9. Terapia e Apoio Psicológico.

- Estratégias: Em muitas situações, a terapia ou o apoio psicológico podem ser inestimáveis para lidar com os desafios de relacionamento e melhorar a saúde mental.

Lidar com os desafios do relacionamento requer consciência, comprometimento e, muitas vezes, o apoio de profissionais de saúde mental. Não hesite em procurar ajuda quando precisar e lembre-se que sua saúde mental é prioridade.

CRESCIMENTO PESSOAL ATRAVÉS DE RELACIONAMENTOS

Aprendendo e crescendo nos relacionamentos

Os relacionamentos são uma importante fonte de aprendizado e crescimento pessoal. Através das interações com os outros, podemos ganhar maior consciência de nós mesmos, das nossas habilidades relacionais e da dinâmica interpessoal. Neste capítulo, exploraremos como os relacionamentos podem promover o aprendizado e o crescimento.

1. Autoconsciência.

Os relacionamentos podem testar nossa auto-estima e crenças pessoais. Comparar-nos com os outros pode levar-nos a uma maior autoconsciência, permitindo-nos reconhecer e abordar aspectos nossos que podemos querer melhorar.

2. Habilidades de comunicação.

Ao interagir com outras pessoas, podemos desenvolver habilidades de comunicação mais eficazes. Aprendemos a expressar nossos pensamentos e sentimentos de forma clara e respeitosa, bem como a ouvir ativamente as perspectivas dos outros.

3. Empatia.

Os relacionamentos nos oferecem a oportunidade de praticar a empatia. Ao nos colocarmos no lugar dos outros, desenvolvemos uma melhor compreensão de suas experiências e sentimentos, melhorando nossa capacidade de nos conectarmos com eles.

4. Conflito de gestão.

Lidar com conflitos nos relacionamentos nos ensina a lidar com as diferenças de forma construtiva. Aprendemos a negociar, encontrar soluções e superar desafios, o que também pode ser aplicado a outras áreas da vida.

5. Crescimento Emocional.

Os relacionamentos podem levar a um crescimento emocional significativo. Ao compartilhar momentos de alegria e tristeza com outras pessoas, adquirimos uma maior compreensão das emoções e da nossa capacidade de lidar com elas.

6. Compreensão da Dinâmica Relacional.

Ao observar a dinâmica relacional entre nós e os outros, podemos ganhar maior consciência da dinâmica social e das influências mútuas nos relacionamentos.

7. Tolerância e Flexibilidade.

Os relacionamentos geralmente exigem tolerância e flexibilidade. Ao aprender a respeitar as diferenças e a adaptar-nos às necessidades dos outros, tornamo-nos pessoas mais tolerantes e de mente aberta.

8. Capacidade de perdoar.

A experiência de lidar com divergências e conflitos nos relacionamentos pode nos ensinar a importância do perdão. Ao aprender a perdoar os outros e a nós mesmos, podemos promover a cura e a reconciliação.

9. Crescimento na Gestão de Relacionamento.

Relacionamentos exigem cuidado e manutenção constantes. Através de nossas experiências, aprendemos a administrar melhor os relacionamentos e a desenvolver relacionamentos mais fortes e duradouros ao longo do tempo.

10. Amor e Compaixão.

Os relacionamentos podem levar ao crescimento do nosso amor e compaixão. Desenvolvemos uma maior capacidade de amar e cuidar dos outros à medida que nos conectamos com eles.

Os relacionamentos são terreno fértil para aprendizado e crescimento pessoal. Através de desafios e experiências com outras pessoas, podemos tornar-nos indivíduos mais conscientes, conhecedores e compassivos, enriquecendo as nossas vidas e relacionamentos.

Recursos para melhorar relacionamentos

Melhorar relacionamentos exige esforço e recursos. Neste capítulo, exploraremos uma variedade de recursos e ferramentas que podem ajudá-lo a cultivar relacionamentos mais saudáveis e significativos.

1. Terapia e Aconselhamento.

A terapia individual ou de casal pode ser um recurso inestimável para enfrentar os desafios do relacionamento e melhorar as habilidades de comunicação. Um terapeuta experiente pode ajudá-lo a explorar a dinâmica do relacionamento e encontrar soluções.

2. Livros e recursos online.

Existem muitos livros e recursos online dedicados a melhorar relacionamentos. De livros de autoajuda a artigos e blogs, você pode encontrar dicas e estratégias para lidar com diversos aspectos dos relacionamentos.

3. Cursos e Workshops.

Fazer aulas ou workshops de relacionamento pode fornecer uma oportunidade estruturada para aprender novas habilidades de relacionamento e conectar-se com outras pessoas que compartilham os mesmos objetivos.

4. Grupos de Apoio.

Os grupos de apoio podem proporcionar um local seguro para partilhar experiências e encontrar apoio de pessoas que enfrentam desafios semelhantes nos seus relacionamentos.

5. Aplicativos e Software.

Existem aplicativos e softwares projetados para ajudar a melhorar as habilidades sociais. Alguns oferecem exercícios de comunicação, promovem a consciência emocional e fornecem conselhos práticos.

6. Podcasts e Webinars.

Podcasts e webinars de relacionamento podem oferecer perspectivas valiosas e conselhos de especialistas do setor. Você pode ouvi-los a qualquer momento para obter inspiração e informações.

7. Mentoria e Coaching.

Um mentor ou coach pode fornecer orientação personalizada para enfrentar desafios específicos de relacionamento e atingir metas de melhoria.

8. Redes sociais.

Participar em redes sociais pode proporcionar uma oportunidade de conhecer novas pessoas e fazer conexões significativas. Você pode participar de eventos locais ou online com base em seus interesses.

9. Grupos de leitura ou discussão.

Participe de grupos de leitura ou discussões focadas em livros ou tópicos relacionados a relacionamentos. Esses grupos oferecem uma oportunidade de compartilhar ideias e perspectivas com outras pessoas.

10. Auto-reflexão e meditação.

A autorreflexão e a meditação podem ajudá-lo a desenvolver uma maior consciência de si mesmo e de seus relacionamentos. A prática da atenção plena pode melhorar sua capacidade de estar presente nas interações.

Lembre-se de que não existe um relacionamento que sirva para todos e o que funciona para você pode não funcionar para outros. Experimente diferentes recursos e abordagens para encontrar aqueles que melhor atendem às suas necessidades e objetivos de relacionamento.

Desenvolvimento de habilidades sociais

Habilidades sociais são essenciais para construir relacionamentos saudáveis e significativos. Essas habilidades ajudam você a se comunicar de maneira eficaz, gerenciar conflitos e estabelecer conexões significativas com outras pessoas. Neste capítulo, exploraremos como desenvolver habilidades sociais para melhorar seus relacionamentos.

1. Escuta activa.

A escuta ativa é uma habilidade crucial. Pratique ouvir sem julgar e mostre interesse genuíno no que os outros estão dizendo. Faça perguntas para aprofundar a compreensão e refletir suas emoções.

2. Comunicação clara.

Aprenda a se comunicar de forma clara e direta. Expresse seus pensamentos e sentimentos de forma aberta, mas respeitosa, evitando ambigüidades ou ambigüidades.

3. Empatia.

Desenvolva sua capacidade de empatia. Tente compreender as emoções e perspectivas dos outros, colocando-se no lugar deles. Isso promove uma conexão mais profunda.

4. Conflito de gestão.

Aprenda a lidar com conflitos de forma construtiva. Reconheça que os conflitos são normais nos relacionamentos e busque soluções que respeitem as necessidades de ambas as partes.

5. Autocontrole Emocional.

Desenvolva o autocontrole emocional. Aprenda a administrar suas emoções para que elas não afetem negativamente sua comunicação e interações com outras pessoas.

6. Respeito e Bondade.

Mostre respeito e bondade para com os outros. Trate os outros como gostaria de ser tratado, mesmo em situações difíceis.

7. Não comunicação verbal.

Preste atenção à comunicação não verbal. A linguagem corporal, as expressões faciais e o tom de voz podem transmitir mensagens importantes.

8. Reconhecimento das necessidades dos outros.

Esteja atento às necessidades dos outros. Ofereça suporte quando necessário e pergunte como você pode ajudar.

9. Construindo conexões autênticas.

Tente construir conexões genuínas com outras pessoas. Seja você mesmo e mostre seu lado genuíno nos relacionamentos.

10. Flexibilidade.

Desenvolva flexibilidade nas interações sociais. Adapte seu comportamento e comunicação de acordo com as necessidades das diferentes situações e pessoas.

11. Aprendizado contínuo.

As habilidades sociais podem ser continuamente melhoradas. Busque feedback de outras pessoas e reflita sobre suas interações para identificar áreas de melhoria.

12. Prática.

Por fim, a prática é essencial para o desenvolvimento de habilidades sociais. Interaja com uma variedade de pessoas e situações para aprimorar suas habilidades sociais ao longo do tempo.

O desenvolvimento de habilidades sociais exige tempo e dedicação, mas pode levar a relacionamentos mais gratificantes e conexões significativas com outras pessoas. Com um esforço contínuo para melhorar essas habilidades, você poderá enriquecer sua vida pessoal e profissional.

MANTENHA RELACIONAMENTOS DURADOUROS

Sustentar relacionamentos no longo prazo

Manter relacionamentos significativos a longo prazo requer comprometimento e cuidado constante. Neste capítulo, exploraremos algumas estratégias para sustentar e fortalecer relacionamentos ao longo do tempo.

1. Comunicação aberta e honesta.

A comunicação aberta e honesta é fundamental para manter relacionamentos de longo prazo. Compartilhe seus pensamentos, sentimentos e preocupações com sinceridade e ouça atentamente o que os outros têm a dizer.

2. Respeito e bondade contínuos.

Continue a mostrar respeito e bondade para com os outros, mesmo depois de passada a fase inicial de entusiasmo. Trate seu parceiro, amigos ou familiares com a mesma cortesia e consideração que você demonstrou no início do relacionamento.

3. Tempo de qualidade.

Gaste tempo de qualidade em relacionamentos. Planeje momentos especiais para passar tempo juntos, compartilhando experiências e criando memórias significativas.

4. Valorização e Reconhecimento.

Expresse apreciação e reconhecimento aos outros regularmente. Mostre gratidão pelo que eles fazem por você e esteja ciente de suas qualidades positivas.

5. Adaptabilidade.

Seja flexível e adaptável nos relacionamentos. As pessoas mudam com o tempo e os relacionamentos bem-sucedidos são aqueles que evoluem com elas.

6. Resolução Construtiva de Conflitos.

Os conflitos são inevitáveis em relacionamentos de longo prazo. Aprenda a geri-los de forma construtiva, buscando soluções que satisfaçam ambas as partes e que preservem a dignidade de todos.

7. Compreendendo as diferenças.

Reconheça e compreenda as diferenças entre você e os outros. Nem todas as pessoas são iguais, e apreciar as diferenças pode enriquecer a sua compreensão e conexão.

8. Apoio Emocional Constante.

Fornecer e buscar apoio emocional constante. Os relacionamentos devem ser uma fonte de conforto e apoio em tempos difíceis.

9. Compartilhando objetivos de vida.

Compartilhe seus objetivos e aspirações de vida com outras pessoas e tente compreender e apoiar seus objetivos. Ter uma visão partilhada para o futuro pode fortalecer a ligação.

10. Manutenção de confiança.

A confiança é essencial nos relacionamentos. Mantenha sua palavra, seja confiável e honesto para preservar a confiança dos outros.

11. Perdão.

Pratique o perdão. As pessoas cometem erros, mas o perdão pode permitir que você avance sem ressentimentos e ressentimentos.

12. Respeite o espaço pessoal.

Respeite o espaço pessoal e a individualidade dos outros. Cada um precisa de seu próprio tempo e espaço para crescer e se desenvolver.

Manter relacionamentos de longo prazo exige trabalho e dedicação consistentes, mas pode levar a conexões profundas e duradouras. Cultive essas habilidades e estratégias para construir relacionamentos que enriqueçam sua vida ao longo dos anos.

Gerenciar mudanças nos relacionamentos

Os relacionamentos são dinâmicos e mudam com o tempo. Lidar e gerenciar essas mudanças é essencial para manter relacionamentos saudáveis e significativos. Neste capítulo, exploraremos como lidar e gerenciar mudanças nos relacionamentos.

1. Aceitação da Mudança.

O primeiro passo para gerenciar mudanças nos relacionamentos é a aceitação. Reconheça que a mudança é uma parte normal da vida e dos relacionamentos. Aceitar que as pessoas e as situações mudarão irá ajudá-lo a lidar melhor com as mudanças.

2. Comunicação aberta.

Mantenha uma comunicação aberta e honesta com outras pessoas. Fale sobre as mudanças que você está vivenciando e ouça seus sentimentos e pensamentos. A comunicação pode ajudar a esclarecer expectativas e resolver quaisquer mal-entendidos.

3. Adaptabilidade.

Desenvolva sua adaptabilidade. Os relacionamentos prosperam quando as pessoas estão dispostas a mudar e se adaptar às novas circunstâncias. Seja flexível e aberto a diferentes necessidades e prioridades.

4. Redução de Conflitos.

Tente reduzir o conflito em tempos de mudança. As tensões podem aumentar em situações de mudança, por isso tente lidar com os conflitos de forma construtiva para evitar que se agravem.

5. Suporte emocional.

Fornecer e buscar apoio emocional. Durante tempos de mudança, as pessoas podem se sentir vulneráveis ou ansiosas. Ser um apoio para outras pessoas pode fortalecer a conexão.

6. Reconsidere as prioridades.

As mudanças podem levar a uma reavaliação de prioridades. Reflita sobre o que é realmente importante para você e para o relacionamento e tente ajustar suas ações e decisões de acordo.

7. Tempo para você.

Não negligencie o tempo para você. Em tempos de mudança, é importante reservar um tempo para refletir sobre suas próprias necessidades e autenticidade.

8. Consulte um profissional.

Se as mudanças no relacionamento forem particularmente complexas ou problemáticas, considere consultar um terapeuta ou conselheiro. Um profissional pode oferecer suporte e ferramentas para lidar com as mudanças de forma mais eficaz.

9. Gerenciando a dor da perda.

As mudanças podem envolver a perda de entes queridos ou situações. É importante processar a dor da perda e buscar apoio para superá-la de forma saudável.

10. Fortaleça o vínculo.

Apesar das mudanças, procure maneiras de se relacionar com outras pessoas. Encontre maneiras de reconectar e fortalecer o relacionamento com base nas novas circunstâncias.

Gerenciar mudanças nos relacionamentos requer resiliência, adaptabilidade e comunicação aberta. Aborde as mudanças com uma mente aberta e um coração compassivo, e procure maneiras de crescer e fortalecer seus relacionamentos, mesmo através dos desafios da mudança.

Como lidar com o fim de um relacionamento

Romper um relacionamento pode ser um dos acontecimentos mais difíceis na vida de uma pessoa. Pode gerar uma série de emoções intensas e leva tempo para curar e se ajustar. Neste capítulo, exploraremos como lidar com o fim de um relacionamento de maneira saudável e construtiva.

1. Aceite seus sentimentos.

A primeira coisa a fazer é aceitar seus sentimentos. É normal sentir-se triste, irritado, confuso ou até aliviado ao final de um relacionamento. Não se julgue pelos seus sentimentos; deixe-os emergir e flutuar naturalmente.

2. Suporte de pesquisa.

Busque apoio de amigos, familiares ou profissionais. Conversar com alguém em quem você confia pode ajudá-lo a expressar seus sentimentos e obter conselhos valiosos.

3. Reserve um tempo para a cura.

A cura leva tempo, então permita-se passar pelo processo gradualmente. Não espere se sentir bem imediatamente e não tente esconder ou suprimir seus sentimentos.

4. Reconsidere seus objetivos.

Após o término de um relacionamento, você pode querer refletir sobre seus objetivos e o que deseja para o futuro. Reconsidere o que é importante para você e quais são suas prioridades.

5. Aprenda com erros e experiências.

Reserve um tempo para refletir sobre o relacionamento e as lições aprendidas. O que você aprendeu com essa experiência?

Como você pode crescer como pessoa a partir dos desafios que enfrentou?

6. Mantenha a autoestima.

O fim de um relacionamento não deve prejudicar sua autoestima. Trabalhe sua autoestima e autoconfiança. Concentre-se no que você ama em você e no que você tem a oferecer.

7. Cuide-se.

Certifique-se de cuidar de si mesmo durante esse período. Exercício, alimentação saudável, sono regular e atividades que lhe trazem alegria podem contribuir para o seu bem-estar emocional.

8. Limite o contato com o ex.

Pode ser útil limitar o contacto com o seu ex-parceiro, pelo menos inicialmente. Isso pode ajudá-lo a se distanciar emocionalmente e a se concentrar na recuperação.

9. Evite decisões impulsivas.

Evite tomar decisões importantes impulsivamente. Depois que um relacionamento termina, as emoções podem ser tumultuadas. Reserve um tempo para pensar antes de tomar decisões importantes.

10. Crie novas conexões.

Com o tempo, você poderá se sentir pronto para fazer novas conexões. Não se sinta obrigado a fazer isso, mas quando estiver pronto, abra-se para novas oportunidades de socialização e relacionamentos.

11. Peça suporte profissional, se necessário.

Se você está lutando contra o fim de um relacionamento, não hesite em procurar o apoio de um profissional de saúde mental. A terapia pode ser um ambiente seguro para explorar seus sentimentos e receber orientação.

Lembre-se que terminar um relacionamento é um processo individual e único para cada pessoa. Respeite sua jornada de cura e busque os recursos necessários para enfrentar esse desafio emocional. Com o tempo, você pode se recuperar e construir uma vida que o deixe feliz e realizado.

O FUTURO DAS RELAÇÕES INTERPESSOAIS

Tendências e mudanças nas relações interpessoais

As relações interpessoais estão em constante evolução, influenciadas por uma série de tendências e mudanças sociais, tecnológicas e econômicas. Compreender essas tendências pode nos ajudar a navegar melhor no mundo dos relacionamentos e a nos adaptar às mudanças em curso. Neste capítulo, exploraremos algumas das principais tendências e mudanças nas relações interpessoais.

1. Relacionamentos Virtuais.

O advento da tecnologia deu origem a relacionamentos virtuais, onde as pessoas se conectam e interagem principalmente online. Esses relacionamentos podem variar de amizades nas redes sociais a relacionamentos românticos online. É importante gerenciar essas conexões virtuais de forma saudável e buscar o equilíbrio com os relacionamentos offline.

2. Namoro virtual.

O namoro online tem se tornado cada vez mais comum. Aplicativos e sites de namoro oferecem a capacidade de conhecer novas pessoas com mais eficiência, mas também exigem atenção extra à segurança e à transparência.

3. Casamentos e Coabitações.

A dinâmica dos casamentos e das coabitações está a mudar. Muitas pessoas adiam o casamento ou optam por não se casar. Coabitar antes do casamento tornou-se mais aceito como uma fase de exploração da compatibilidade.

4. Famílias não tradicionais.

Famílias não tradicionais, como famílias adotivas, famílias com pais do mesmo sexo e famílias monoparentais, são cada vez mais comuns. Estas dinâmicas exigem um ajustamento e compreensão da diversidade das relações familiares.

5. Trabalho e Relacionamentos.

Os desafios relacionados com o trabalho, como a mobilidade geográfica e a pressão laboral, podem afetar as relações interpessoais. É importante encontrar um equilíbrio entre carreira e vida pessoal para preservar relacionamentos significativos.

6. Integração de Tecnologias nos Relacionamentos.

Tecnologias, como telefones celulares e mídias sociais, tornaram-se parte central dos relacionamentos. É essencial gerir a utilização destas tecnologias para evitar que interfiram negativamente nas interações pessoais.

7. Relações Internacionais.

As relações interpessoais não estão mais limitadas por fronteiras geográficas. As pessoas podem desenvolver conexões e relacionamentos significativos com indivíduos de diferentes partes do mundo, graças à facilidade das comunicações globais.

8. Maior atividade social online.

A participação em grupos online, fóruns de discussão e comunidades virtuais tem se tornado cada vez mais comum. Essas plataformas oferecem a oportunidade de se conectar com pessoas com interesses semelhantes em todo o mundo.

9. Consciência Emocional e Relacional.

Há uma consciência crescente da importância da consciência emocional e das habilidades relacionais. As pessoas estão tentando ativamente desenvolver essas habilidades para melhorar seus relacionamentos.

10. Sustentabilidade e Valores Compartilhados.

As pessoas prestam cada vez mais atenção aos valores partilhados, incluindo a sustentabilidade ambiental, nas suas relações interpessoais. Essa consciência pode influenciar escolhas relacionadas a amizades e relacionamentos amorosos.

Compreender e adaptar-se a essas tendências e mudanças pode ajudar a construir relacionamentos mais satisfatórios e significativos. É importante permanecer flexível, comunicar-se abertamente e manter o foco em suas necessidades e objetivos na evolução dos relacionamentos interpessoais.

Desafios futuros

O mundo das relações interpessoais está em constante evolução e com ele surgem novos desafios. A preparação para enfrentar estes desafios pode ajudar a preservar e melhorar os relacionamentos no futuro. A seguir, exploraremos alguns dos desafios que temos pela frente nas relações interpessoais.

1. Tecnologia e Isolamento.

O uso excessivo da tecnologia pode levar ao isolamento social. As pessoas podem passar cada vez mais tempo online, em detrimento de relacionamentos presenciais. O desafio é usar a tecnologia de forma responsável e equilibrada.

2. Relacionamentos Virtuais vs. Relacionamentos cara a cara.

À medida que os relacionamentos virtuais se expandem, torna-se importante equilibrar os relacionamentos online com os presenciais. Manter uma conexão humana genuína pode se tornar um desafio quando há tanta interação online.

3. Estresse e pressões na vida moderna.

A vida moderna é frequentemente caracterizada por estresse e pressão constantes, que podem prejudicar os relacionamentos. Os indivíduos devem encontrar maneiras de administrar o estresse para que ele não afete negativamente suas conexões interpessoais.

4. Intolerância e Divisões Sociais.

As divisões sociais e políticas podem afetar as relações pessoais. As pessoas podem se relacionar com indivíduos que têm opiniões divergentes e devem aprender a lidar com divergências de forma construtiva.

5. Disparidade Econômica.

As disparidades económicas podem afectar as relações, conduzindo a dificuldades financeiras e a desafios na partilha de responsabilidades financeiras. A justiça financeira nos relacionamentos torna-se uma preocupação cada vez mais importante.

6. Saúde Mental e Bem-Estar.

A saúde mental e o bem-estar podem afetar significativamente os relacionamentos. Lidar com problemas de saúde mental pode exigir compreensão e apoio adicionais de outras pessoas.

7. Mobilidade Geográfica.

A mobilidade geográfica para trabalho ou outros motivos pode levar a desafios de relacionamento, incluindo a gestão de relacionamentos à distância. A comunicação e a confiança tornam-se cruciais nestas situações.

8. Famílias não tradicionais.

As famílias não tradicionais, incluindo as famílias mistas, podem apresentar desafios únicos. Aprender a navegar nestas dinâmicas requer compreensão e adaptabilidade.

9. Tempos de vida diferentes.

As pessoas podem ter tempos de vida diferentes, algumas optando por casar e ter filhos em idades mais avançadas. Estas escolhas podem levar a desafios no planeamento familiar e nas relações intergeracionais.

10. Equilíbrio entre Trabalho e Vida.

Equilibrar trabalho e vida pessoal torna-se cada vez mais difícil à medida que aumentam as exigências profissionais. Encontrar um equilíbrio entre carreira e relacionamentos pessoais é um desafio constante.

Enfrentar estes desafios futuros exigirá um compromisso contínuo com o desenvolvimento de competências interpessoais, comunicação aberta e apoio mútuo. Porém, com consciência e preparação, é possível preservar e melhorar os relacionamentos no futuro.

Esperanças e perspectivas

Apesar dos desafios e mudanças que enfrentamos nas relações interpessoais, há muita esperança e perspectivas positivas para o futuro. Neste capítulo, exploraremos algumas das esperanças e perspectivas que podemos cultivar para construir relacionamentos mais fortes e significativos.

1. Crescimento pessoal e compartilhamento.

Os relacionamentos podem ser uma fonte de crescimento pessoal contínuo. Esperamos aprender com outras pessoas, desenvolver novas habilidades interpessoais e compartilhar experiências significativas.

2. Apoio emocional e confiança.

Nos relacionamentos, esperamos encontrar apoio emocional constante e confiança mútua. Esses elementos são fundamentais para criar um ambiente de apoio e amor.

3. Compartilhamento de Valores e Paixões.

Os relacionamentos podem permitir que você compartilhe valores, paixões e objetivos com pessoas que pensam como você. Esse compartilhamento pode levar a conexões profundas e a um sentimento de pertencimento.

4. Crescimento das relações familiares.

Esperamos ver as relações familiares crescerem e se fortalecerem, com foco na compreensão, no apoio mútuo e no respeito às diferenças.

5. Relacionamentos de amizade duradouros.

As amizades podem se tornar ainda mais significativas com o tempo. Esperamos cultivar amizades duradouras baseadas na lealdade, no humor e na partilha de momentos especiais.

6. Amor e conexão romântica.

Nos relacionamentos românticos, esperamos encontrar um amor duradouro e uma conexão profunda. Esse amor pode levar a uma vida juntos cheia de aventuras e momentos especiais.

7. Relacionamentos Saudáveis e Respeitosos.

Esperamos que as relações futuras sejam caracterizadas pelo respeito mútuo, pela comunicação aberta e pela gestão construtiva de conflitos.

8. Comunidade de apoio.

Os relacionamentos podem levar a uma comunidade de apoio forte e amorosa. Estas redes sociais podem ser uma fonte de apoio em momentos de necessidade.

9. Aprendizado contínuo.

Esperamos continuar a aprender com nossos relacionamentos e aplicar o que aprendemos para melhorar constantemente nossas interações com outras pessoas.

10. Contribuição para a felicidade e o bem-estar.

Os relacionamentos podem contribuir significativamente para a nossa felicidade e bem-estar. Esperamos vivenciar relacionamentos que nos inspirem, nos enriqueçam e nos tornem melhores.

Apesar dos desafios e das mudanças, as relações interpessoais continuam a ser uma fonte de esperança, alegria e significado nas nossas vidas. Ao cultivar estas esperanças e perspectivas, podemos trabalhar juntos para construir relacionamentos mais fortes e gratificantes no futuro.

CONCLUSÕES E CONSELHOS PRÁTICOS

Resumo das principais lições

Capítulo 1: Introdução às Relações Interpessoais.

- As relações interpessoais são um aspecto fundamental da vida humana.
- Relacionamentos exigem comprometimento, comunicação e compreensão mútua.

Capítulo 2: Definição de Relações Interpessoais.

- As relações interpessoais são conexões entre indivíduos baseadas em interações emocionais, sociais e/ou profissionais.

Capítulo 3: Importância das Relações Interpessoais na Vida Diária.

- As relações interpessoais afetam o bem-estar emocional, social e psicológico das pessoas.

Capítulo 4: Fundamentos da Comunicação.

- A comunicação é central nos relacionamentos e é composta por elementos verbais e não verbais.

Capítulo 5: Barreiras à Comunicação.

- As barreiras de comunicação podem dificultar a compreensão mútua e devem ser superadas para construir relacionamentos eficazes.

Capítulo 6: Habilidades de comunicação eficazes.

- Escuta ativa, comunicação clara e gestão de conflitos são habilidades essenciais para uma comunicação eficaz.

Capítulo 7: Escuta Ativa.

- A escuta ativa envolve prestar total atenção à outra pessoa, compreender suas emoções e expressar interesse genuíno.

Capítulo 8: Estágios de Desenvolvimento de Relacionamento.

- Os relacionamentos passam por fases de formação, consolidação e possível declínio.

Capítulo 9: Construindo Confiança nos Relacionamentos.

- A confiança é um pilar de relacionamentos saudáveis e deve ser conquistada e mantida.

Capítulo 10: Resolução de Conflitos.

- A gestão construtiva de conflitos é fundamental para preservar relacionamentos e resolver diferenças de forma saudável.

Capítulo 11: Gerenciando Emoções nos Relacionamentos.

- Compreender e gerenciar as emoções é essencial para manter relacionamentos equilibrados e positivos.

Capítulo 12: Empatia e Compreensão.

- A empatia e a compreensão das perspectivas dos outros são fundamentais para construir conexões significativas.

Capítulo 13: Relações Familiares.

- As relações familiares podem ser complexas, mas são um suporte importante na vida de cada indivíduo.

Capítulo 14: Relacionamentos Românticos.

- Os relacionamentos românticos são caracterizados por amor, intimidade e compromisso.

Capítulo 15: Relacionamentos Amigáveis.

- As amizades oferecem apoio emocional, compreensão e compartilhamento de interesses comuns.

Capítulo 16: Relações Profissionais.

- As relações profissionais são essenciais para o sucesso e a satisfação no mundo do trabalho.

Capítulo 17: Relacionamentos Virtuais.

- Os relacionamentos virtuais incluem interações on-line e exigem atenção ao gerenciamento do tempo e à comunicação.

Capítulo 18: Relacionamentos no Trabalho.

- As relações no local de trabalho são importantes para a colaboração, a produtividade e a cultura da empresa.

Capítulo 19: Relacionamentos na Comunidade.

- As relações comunitárias contribuem para um sentimento de pertencimento e bem-estar social.

Capítulo 20: Relações na Escola.

- O relacionamento entre professores, alunos e pais é fundamental para um ambiente escolar positivo.

Capítulo 21: Relacionamentos em Situações de Conflito.

- Os relacionamentos podem ser afetados por situações de conflito, que exigem uma gestão cuidadosa.

Capítulo 22: Importância da Autoestima.

- A autoestima é crucial para a saúde dos relacionamentos e o bem-estar pessoal.

Capítulo 23: Trabalhando em sua autoestima.

- Melhorar a autoestima requer autorreflexão, autoaceitação e autocuidado.

Capítulo 24: Autocuidado nos Relacionamentos.

- Cuidar de si mesmo é essencial para manter relacionamentos saudáveis e significativos.

Capítulo 25: Mantendo o equilíbrio entre dar e receber.

- Equilibrar dar e receber é crucial para relacionamentos mútuos e gratificantes.

Capítulo 26: Impacto da Tecnologia nos Relacionamentos.

- A tecnologia pode afetar positiva e negativamente as relações interpessoais.

Capítulo 27: Uso Responsável da Tecnologia nos Relacionamentos.

- O uso responsável da tecnologia requer consciência e controle para preservar as conexões humanas.

Capítulo 28: Mantendo a conexão humana em um mundo digital.

- Preservar a conexão humana requer um esforço consciente na era digital.

Capítulo 29: A ligação entre relacionamentos pessoais e bem-estar.

- As relações interpessoais afetam o bem-estar emocional, social e psicológico das pessoas.

Capítulo 30: Sustentando Relacionamentos de Longo Prazo.

- Manter relacionamentos significativos requer esforço, comunicação e adaptabilidade constantes.

Capítulo 31: Gerenciando Mudanças nos Relacionamentos.

- Aceitar, comunicar e adaptar-se às mudanças é essencial para manter relacionamentos saudáveis e significativos.

Capítulo 32: Lidando com o Fim de um Relacionamento.

- Lidar com o fim de um relacionamento requer aceitação, apoio e tempo para curar.

Capítulo 33: Tendências e Mudanças nas Relações Interpessoais.

- As relações interpessoais são influenciadas por tendências como tecnologia, namoro online e diversidade familiar.

Capítulo 34: Desafios Futuros nas Relações Interpessoais.

- Os desafios futuros incluem tecnologia e isolamento, divisões sociais e stress na vida moderna.

Capítulo 35: Esperanças e Perspectivas nas Relações Interpessoais.

- Apesar dos desafios, há esperança de crescimento, conexão e felicidade nos relacionamentos futuros.

Este livro explorou o amplo panorama dos relacionamentos interpessoais, fornecendo conselhos e ferramentas para construir relacionamentos mais fortes, mais significativos e gratificantes na vida cotidiana.

Resumo de dicas para melhorar o relacionamento interpessoal

1. Comunicação efetiva:
- Ouça ativamente e com empatia.
- Comunique-se de forma clara e honesta.
- Use a linguagem "eu" para expressar seus sentimentos e pensamentos.
2. Conflito de gestão:
- Lide com o conflito de forma construtiva, não o evite.
- Procure soluções de compromisso que satisfaçam ambas as partes.
- Evite culpas e culpas concentrando-se nos problemas.
3. Construindo confiança:
- Seja confiável e cumpra suas promessas.
- Comunicação aberta e compartilhe seus sentimentos.
- Mostre respeito e apoio aos outros.
4. Empatia e compreensão:
- Tente ver as coisas da perspectiva de outras pessoas.
- Pratique a empatia para compreender as emoções e experiências dos outros.
- Ofereça uma escuta sem julgamentos.
5. Autoestima e Autocuidado:
- Trabalhe sua autoestima e autoaceitação.
- Cuide de você física e emocionalmente.
- Aprenda a estabelecer limites saudáveis.
6. Equilíbrio entre Dar e Receber:
- Esteja disposto a dar, mas também a receber apoio e amor.
- Evite a sobrecarga emocional e aprenda a dizer "não" quando necessário.
- Mantenha um equilíbrio no compartilhamento mútuo.

7. Gestão de Emoções:

- Aprenda a reconhecer e gerenciar suas emoções de maneira saudável.
- Não reprima ou suprima suas emoções, mas expresse-as de maneira adequada.
- Procure apoio profissional conforme necessário para lidar com questões emocionais complexas.

8. Aceitação de diferenças:

- Respeite as diferenças individuais e culturais.
- Abrace a diversidade nos relacionamentos.
- Desenvolva tolerância e mente aberta.

9. Suporte emocional:

- Ofereça apoio emocional às pessoas próximas a você.
- Mostre empatia e compaixão quando outras pessoas estão passando por momentos difíceis.
- Forneça um ouvido amigável e ajuda prática quando necessário.

10. Mantendo a Conexão Humana:

- Não deixe que a tecnologia substitua as interações face a face.
- Reserve tempo para relacionamentos offline significativos.
- Cultive a conexão humana por meio de comunicação e cuidado autênticos.

Seguindo essas dicas e praticando consistentemente habilidades de relacionamento, você pode melhorar os relacionamentos interpessoais, construir conexões mais profundas e desfrutar de relacionamentos mais gratificantes em sua vida diária.

www.ingramcontent.com/pod-product-compliance
Lightning Source LLC
Chambersburg PA
CBHW070942260726
48661CB00003B/1089